海眼큰스님 傳燈法語 · 活眼 編撰

마음의 등불을 밝히자

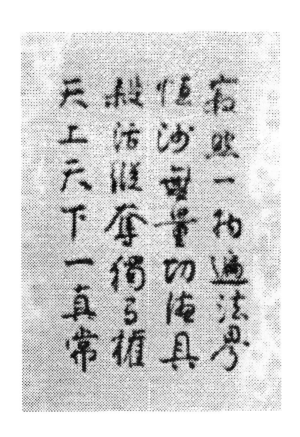

佛教精神文化院

추천사

우리 스님은 '자연 범부', 항상 스스로를 그렇게 말씀하시면서 어떠한 경우에도 자신을 드러내고 남을 업신여기고 헐뜯는 것을 보지 못했고, 때때로 잘하는 사람을 보면 칭찬하고 착한 사람을 보면 본받으라고 격려하였다.

1960년대 동국대학교에 다니면서도 미아리에 고등공민학교를 받들어 철거민들의 자제들을 가르치고 있던 한법사님은 당시 불자들의 선망의 대상이었기에 나도 가평에 있는 상락향 불교통신학교까지 다녀온 일이 있다.

스님은 우리 스님을 "생활불교의 산 증인"이라 생각하고 대은 큰스님을 "한국의 부루나"로 생각하면서 낮에는 농사 짓고 밤에는 공부하면서 천 리 밖을 내 집처럼 뛰어다니며 포교하였다.

그런데 스님께서 저희 스승, 해안큰스님의 어록을 보고 수행자들의 교본으로 쓰고자 간추려 정리해가지고 왔다.

스님 떠나신지 반백 년, 우리 스님을 아직도 생각하는 사람이 있구나 감격하였다. 반가운 마음으로 맞아 "태국 수행과 몽골불사 이야기"를 듣고 크게 공감하면서 쾌히 승낙하고 "소소한 것은 빼버리고 교육자료가 될 만한 것만 간추려 쓰라" 말씀드렸다.

사실 우리 스님께서는 출가 후 잘못한 것도 별로 없었지만 그래도 육순 회갑 때 산 채로 상여 속에 들어가 제2의 탄생을 예고하는 인생을 사셨고, 매년 안거 때가 되면 스스로를 뉘우치고 불보살을 흠앙하는 발원문을 지어 많은 사람들에게 감동을 주셨다. 특히 마음의 등불을 곳곳에 밝혀 어두운 세계를 밝히고자 하는 원력이 컸기 때문에 우리들도 그 "전등(傳燈)의 정신을 고귀하게 받들고 있다. 이 글을 평상시 스님께서 직접 쓰신 것을 읽고 불러주셔서 제가 옆에서 받들어 쓴 것도 있기 때문에 혹 철자가 현대 사람들과 맞지 아니하면 어쩔까 걱정한 일도 있다.

그런데 다소 변형된 것은 있어도 스님의 육성을 다시 한 번 듣는 것 같아 기분 좋게 생각하면서 공부인 여러분께 이 점 특히 양해를 구한다.

나는 지금도 4,50년 전 배터리로 녹음하셨던 스님의 육성을 들으면서 가슴 뜨거워하고 있다.

부처님의 정신을 몸소 실천하신 우리 스님의 행을 본받을 수 있는 사람이 나온다면 쌍수로 환영할 것이다.

불기 2561년 10월
서울 전등원에서 제자 씀

머리말

1901년 전북 부안에서 김치권 거사님의 제3남으로
태어난 혜안스님은
어려서 성봉(成鳳) 봉수(鳳秀)라는 이름으로
서당에서 한학을 공부하였다.
변산 내소사에 갔다가 만허(滿虛)스님을 뵙고 출가하여
백양사 송만암스님에게서 계를 받고
성도절 용맹정진에서 한 소식을 얻은 뒤
광성의숙을 나와 대선법계를 받았다.

중국 북경대학에서 2년간 연수를 마친 뒤
백양사에서 중덕법계를 받고
변산 내소사 주지를 거쳐 월명선원에서 안거를 마치고
석포에 개명학교를 설립,
백양사 본말사 순회포교를 하였다.

1936년 대덕종사법계를 받고,
금산사 주지 서래선림 조실을 지내다가
전등회 회주로 추대되어 월명선원에서 36안거를 마치고,
74년 3월 9일 6시30분 서래선림에서 74세로 입적하셨다.

오직 일생을 구도전법으로 일관하신 스님,
누가 보아도 이시대의 선지식으로
추앙하지 아니할 수 없는 스님,

입적 42년을 맞이하여 내가 사모하는 스님을
잊어버리지 않기 위해
나는 스님의 법어집을 보고 다시 한 번 금강경을 읽으며,
그 법음을 음미한다.

그 가운데서도 시심시불(是心是佛)의 서문에 쓰신
불자에게 부촉하신 통탄사를 보고,
무상제일(無上第一)의 법어를 읊어본다.

고요한 마음 법계에 가득
항상 무량의 공덕을 갖추고 있으니
죽든지 살던지 언제나 한마음
천상천하에 제일이로다.

산하대지가 변역하고
해와 달 별들이 변해가더라도
억겁에 한결같이 변함없는 마음이여,
천상천하에 제일이로다.

탕탕무애 빈 배처럼
바람부는대로 물결치는대로 동서남북

나도 없고 너도 없어 걸릴 것 없이
천상천하에 제일이로다.

선이나 악에도 허망한 생각 없으니
천당 지옥이 한 가지 만화로다.
경계와 마음 다 놓아버리니
하늘 위에서나 하늘 아래서나 제일이로다.

불기 2561년 10월
스님을 사모하는 사람들 합장

목 차

일러두기

1. 이 책은 살아생전의 해안스님을 생각하며, 또 큰스님의 용맹
   정진과 살아 숨쉬는 활구법문을 간단히 정리하여 후배들의 교육
   용으로 쓰고자 스님의 법어집 3권을 간추려 정리한 것이다.

2. 혹 스님의 뜻에 어긋나는 점이 없지나 않을까 걱정하면서도
   세 권의 법문집을 중심으로 몇 가지만 적어본다.

3. 스님을 사모하고, 스님의 정신을 세상에 펴고자 전등회 회원
   들의 원력을 생각하며 감사드린다.

4. 붉은 꽃에 붉은 마음, 파란 꽃에 파란 마음, 세상의 모든 것
   들은 제 마음의 꽃을 아름답게 피워나가고 있다.

5. 산에도 들에도 하늘에도 땅에도 제 마음의 꽃은 활짝 피어 있
   다. 거기서 우리는 불법의 이치를 통해 인과 인연을 배우고,
   자신의 마음을 깨달아 생사를 해탈하게 되는 것이다.

제 1 편

전등법어
(傳燈法語)

통탄사(痛嘆辭)

불자여, 정신 차려라.
성인 떠나신지 오래되니 마군이는 강하고 법은 약해져
온 세상이 어두운 그림자로 변해가고 있구나.
제 빛 보지 못한 중생들은 등불 속의 나비와 같아
사나운 가시덤불 속에 돌다가 뜨거운 불속을 즐기는구나.

불자여 눈뜨고 이 땅을 보라.
해골바가지들이 굴러다니며 차고 밟고 할퀴고 물어뜯어
사람 같은 이 하나가 없다.
장삼자락에도 무서운 그림자 숨어있고,
가사 속에도 사냥꾼들이 들어있다.
불심을 가진 사람 같은 이는 보이지 않고
대낮에 아수라 야차만 날뛰는구나.

불자야 귀 기울여 소리를 들어라.
사람소리는 없고 분노와 절망, 슬픔과 공포의 소리가
우주에 꽉 차 몸부림치고 있구나.
탐·진·치 3독, 화탕 노탄에서 울부짖는 소리
이것이 바로 아비지옥의 현실이 아니냐!

그런데 그대들은 이것을 보고 듣지 못하느냐.
죽은 듯이 와서 누구를 기다리고 있느냐.
무엇을 믿고 무엇을 구해 원숭이처럼 내려다보고만 있느냐.

대지를 널리 비치는 반야의 등불이 그립구나.
피 있는 자들이여, 저 시원한 등불에 쬐여라.
두 눈과 두 귀, 두 콧구멍 속에 저 빛을 꽉 채워라.
돌틈, 모래알 사이사이에도 그 빛은 낱낱이 비치고 있다.

썩어빠진 옷과 모자 태워버리고 발가벗은 몸으로 활개쳐라.
이것이 인간의 혁명의 소리, 저 종소리를 들으라.
회의와 저주, 나태와 비겁, 공포의 때 묻은 옷을
모두 태워버리고 부지런히 자신의 힘을 길러
자유와 평화의 깃발을 높이 들고 네거리로 나와
부처님의 등불을 들고 다같이 행진하자.

사랑의 등불은 6진 번뇌를 녹이고,
시원한 감로수로 목욕시켜 준다.
번뇌 망상을 보리 열반으로 태우고,
검수도산을 화장세계로 만들라.

남을 의지해 태우려 하지 말고,
제 속의 빛으로 세상을 밝히라,
더럽고 고집스럽고 덧없는 이 세계를
영원한 빛으로 구석구석 비추자.
불자여, 듣느냐. 이 새벽의 종소리와 저 하늘의 북소리를!

결제법문(結制法門)

맺는 것은 누구이고 푸는 것은 누구인가.
풀고 맺음 원래부터 사람에게 달려있다.
한 생각 가운데서 백억가지 화현한 것,
천번 맺고 만번 푸는데 자재한 사람이네.

부처님 당시부터 여름 한 철 비 내리면
돌아다니지 않고 있는 곳에서 그대로 앉아 공부하였다.
이것이 중국과 한국에 와서는 여름 겨울이 있어
1년에 두 차례 안거(安居)를 하게 된 것이다.

금년 여름 마음먹고 한 철을 나게 되었으니
나의 말을 듣고 6근을 굳게 맺어 화두를 풀어보라.

유심(有心)한 사람이 결제하는 사람이고,
무심(無心)한 사람이 해제하는 사람이다.
유심·무심 따지다 보니 돌장승이 숲속에서 웃고 있구나.

결제가 곧 해제이고, 해제가 곧 결제이다.
맺을 줄 아는 사람이 풀 줄도 안다.

맺고 푸는 것이 둘 아닌 줄 알면
지옥 천당 모두가 다 정토(淨土)이다.

법성에는 원래부터 묶인 곳 없으니
묶인 곳 없는 사람이 무엇 때문에 풀기를 바라겠는가.
풀 때는 생각이 그대로 묶임이니
결제니 해제니 따지지 말라.

무상(無常)에 끄달리면 풀기 또한 어려우니
풀었다는 생각 다시 없애기 어렵다.
법(法)과 비법(非法) 두 상에서 벗어나야
진짜 자유 해탈을 얻을 수 있다.

석 달을 공안 위에 꼭 잡아매고
남북동서 막힌 길을 툭 터 버리면
오늘 아침 허공 가운데서 천산만수를 마음대로 날으리라.

옛 사람이 소를 찾아 소 노래를 부른 것을 보고,
내 소 타고 소 찾는 법을 노래한 일 있으니
한 번 들어보라.

늦게야 소 찾고자 내 집을 떠났더니
무명초 길(丈)이 넘어갈 길이 망연하여
한 해 두 해 비바람 속에서 헛세월 보냈노라.

흐르는 물소리는 간밤의 비자욱
복숭아 향기 풍기니 오늘 아침 꽃이로다.
물소리 복숭아꽃 둘 다 좋으니
이것이 무릉도원 신선골 아닌가.

마음 따라 경계가 비었거늘
소는 누구고 보는 놈은 누구인가.
봄 찾자고 종일 쏘다니다가
집에 와서 뜰 꽃을 보았네.

얻기는 무엇 얻어
본래 있던 집소를
소 타고 소 찾는다더니
이를 두고 할 말일세.

선도 악도 마음이니
닦아야 옳은가 끊어야 옳은가.
닦고 끊는 길 모두가 험한 길
푸른 하늘 만리가 모두가 한 색이네.

소 타고 피리 불고 고향에 돌아오니
푸른 하늘 먼 곳에 구름 또한 한가하네.
길거리 일 물어 무엇 할 것인가.
한 물건도 꾸려 바칠 것 없는데.

홀로 옛집에 있다
오랜 세월 지내다 보니 모두가 꿈이네.
아무 일 없는 것을 누가 알 것인가.
높은 하늘엔 둥근 달만 외로이 떠있었네.

니나노 릴리리야 피리소리 요란하다.
산 없으니 구름도 보이지 않네.
물도 흐르지 않고 사람 또한 끊어졌으니
텅 빈 다락에 세월까지도 비웠으랴.

짧은 놈은 짧은대로 긴 놈은 긴대로
촌(寸)과 척(尺)이 그대로 자인 것을
농부는 아침에 밭으로 가고
어부는 저녁에 바다로 가네.

소 찾아 나선 사람
물 긷고 나무하는 것이 모두 한 가지 일이니
태평무 한 소리에 춤사위 나오니
대장부 살림살이 이만하면 족하리라.

정진법회 발원문

전등회 정진대중 일동은 고요한 마음으로써 시방삼세 일체 제불 제보살님 앞에 엎드려 고하옵나이다.

부처님 말씀에 사람의 몸을 얻기가 어렵다 하시고, 또 불법을 만나기가 어렵다 하셨거늘 저희들은 다행히도 사람의 몸을 얻었고, 또 겸하여 심심미묘한 불법을 만나게 되었사오니 이보다 더한 행복이 어디 있사오리까. 스스로 크게 감사의 기쁨을 마지 않습니다.

그러나 사바세계의 고해탁랑(苦海濁浪) 속에서 항해하는 중생이오라 동으로 몰리고 서로 몰리며 아침에 이 일이 생기고 저녁에 저 일이 생기며, 산에도 가야 하고 바다에도 가야 하며, 들에도 나가야 하고 거리에도 나와야 하므로 이러자니 자연 역경계에도 부딪히고 순경계에도 부딪히게 되어 나도 알지 못하는 사이에 탐심·진심·치심 삼독심(三毒心)이 근본이 되어 이로부터 미워하고 시새우고 좋아하고 싫어하고 즐기고 괴롭고 무서워하고 원망하고 아첨하고 깔보고 죽이고 물어뜯고 하는 등 여러 가지 마음으로 무수한 악업을 짓게 되므로 이 마음 잠시라도 편안할 날이 없습니다.

고인의 말씀에 "만약 사람이 고요히 잠깐만이라도 앉아 있으면 항하사(恒河沙) 모래 수와 같이 많은 칠보로 탑을 만든 공덕보다 승(勝)하다 하였으니 보배탑은 필경에 먼지로 화하여 없어지고 말지마는 한 생각 깨끗한 마음은 정각을 이룬다"고 하였으므로 모든 번뇌망상을 쉬어보려고 고요히 앉아도 봅니다만, 이 마음 잡다 놓으면 달아나고 또 잡다 놓으면 또 달아나고 이리하여 하루 낮 하루 밤에도 실로 이 마음이 만번 생겨났다 만번 죽었다 합니다. 그러므로 겉으로는 고요히 앉아 있는 듯하나 속으로는 동서사방으로 바쁘게 돌아다니고 있으며, 그렇지 않으면 혼침에 떨어져 수면이나 무기(無記)에 빠지고 맙니다.

이러고야 어떻게 무상정각(無上正覺)을 이루오리까. 제 마음을 제 마음대로 못하는 불쌍하고 못난 저희들을 건져주옵소서.

제 마음을 제 마음대로 붙잡아 놓지 못하는 어리석은 무리들로서 어찌 감히 삼계윤회를 면한다 하오리까. 그리고 또 이 몸을 이생에서 제도하지 못하고 다시 어느 생을 기다려 제도하오리까.

이제 저희들은 크게 용맹심을 발하여 불퇴전의 신심으로써 이 몸이 죽기 한하고 삼칠일 특별정진회를 열었소이다. "한 번 찬 것이 뼈에 사무치는 때가 아니면 어찌 봄 매화의 코를 찌르는 향기를 얻으랴"한 고인의 시구를 머리에 새기면서 처음부터 마치기까지 각자가 참구하는 화두일념(話頭一念) 속에서 행주좌와 어묵동정이 오로지 화두삼매에 들 것을 맹세하옵니다.

맑은 가을 들불과 같이 옛 사당의 향로와 같이 한 생각 만년 가도록 하여 주시옵소서. 나무를 비벼서 불을 구하듯 이 불이 날 때까지 결정코 쉬지 않겠나이다. 머리에 붙은 불을 끄듯이 사량

(思量)과 계교(計較)를 요(要)하지 않고 좌우를 돌아보지 않으며 오직 불을 끄는 데에만 돌진하겠나이다.

과거 무량겁을 내려오면서 신·구·의 세 가지로써 지은 죄가 쌓이고 쌓여 무서웁고 두터운 업장이 저희들의 수도하는데 무서운 암(癌)이 되고 있는 줄 아오나 이 무서운 암도 저희들의 한 번 크게 죽기로 하는 강한 신심 앞에는 산더미 같은 업장도 홍로일점설(紅爐一點雪)로 화하여 녹아버리고 말 것을 자신하는 바입니다.

부처님, 기필코 이번 정진에는 생사대업(生死大業)을 성취코야 말겠사오니 이 정진이 마치도록까지 아무 장애없이 회향하도록 가호하여 주시옵소서.

〈불기 2512. 3. 11. 전주 남고사(南固寺)에서〉

화두 참구하는 법

선방에서 화두를 참구할 때는
화두 이외 딴 생각을 해서는 안된다.

이것이 무엇인가?(是甚麽)
삼서근(麻三斤)
무(無)
은산철벽(銀山鐵壁)을 관할 때 그 말을 따라가서는 안 된다.

오직 시심마? 마삼근이며, 무일 뿐.
은산철벽과 같이 하여야 한다.
왜냐하면 남을 따라가다 보면 나하고는 점점 멀어지고,
제가 스스로 걸어가면
가는 곳마다 길 아님이 없기 때문이다.

본래면목(本來面目)은 낯짝이 없다.
그런데 거기 기름 바르고 분칠하겠는가.
얼굴을 마주치고 말했다 하더라도
그것은 본래 면목이 아니다.

이게 무슨 말인가.
있어도 있는 것이 아니고
없어도 없는 것이 아니고
있고 없는 것 한꺼번에 놓아버려도
다시, 이것이 무엇인고 하는 것이 화두이기 때문이다.

저울눈은 파리만 앉아도 기울어진다.
어떤 사람이 동산스님께 부처의 도리를 물으니
"삼 서근"이라 하였다.
저울눈은 천불이 출세하더라도 털끝만큼도 속일 수 없다.

그러므로 만공스님이 아침종성 소리를 듣고
일체중생이 도 깨치는 이치를 알았으니,
경허스님이 바로 이를 점검하여
일체유심조 도리를 확실하게 깨닫게 해주었다.

은산철벽을 뚫으려면
송곳·괭이·정·삽의 알음알이 가지고는 안된다.
남포가 터져야 하기 때문이다.
바다가 육지 되고, 육지가 바다 되는 이치는
하와이 백두산에 올라본 사람만이 알 수 있다.

나는 참선 중 가장 어려운 것이 잠인 것을 깨달았다.
그래서 수면을 파하는 노래를 다음과 같이 읊었다.

당당히 가죽 밑에 피가 흐르는 놈이
어찌하여 귀신굴에서 졸고만 있나.
얼마 있어 눈빛이 땅에 떨어지는 날
업경대 앞에서 졸던 것을 한탄하리.

오랜 세월 도를 막는 것은 졸음 때문이니
사람 몸 받았을 때 졸지를 마소.
생사대사 이 한판의 싸움에 있으니
어찌 적을 쫓지 않고 졸고만 있으리.

고양이 쥐 잡듯 일념으로 지어가면
망상도 아니고 졸지도 않을 것을
화두 위에서 성성하고 역력하면
의심에 집중하여 조는 것을 잊으리.

일이 있거들랑 무사객이 되지 마소.
일 있는 사람이 어찌 편히 졸 수 있나.
틈만 나면 마군이가 쳐들어오리니
믿음으로 벽을 삼아 졸음을 물리치소.

무심한 가운데서 도를 얻기는 하지만
무심이 곧 죽은 자의 수면은 아닐세.
무심은 오히려 유심으로 생기나니
유심한 사람이 어찌 무심으로 졸을손가.

사랑과 간택이 모두 다 마군이나
마군중에 마왕이 바로 수면이라네.
한 번 꾸벅하여 귀신굴에 떨어지면
긴세월 길을 잃고 어둠속에 헤매리.

다행히 사람 되어 불법까지 만났으니
정각을 얻기 전에 졸면 안되네.
불조가 장부라면 나 또한 장부
조사관 뚫기 전엔 기필코 졸지마소.

일없는 가운데 일 마친 사람
주리면 밥 먹고 곤하면 자지만
일없는 가운데 일 있는 사람
주려도 먹지 말고 곤해도 자지 마소.

천지가 나뉘기 전 홀로 걸으며
산하대지 병속에 잠을 자면
그 누가 구멍없는 젓대를 불어
사람들의 긴긴밤을 깨워주려나.

졸고 졸아 더 졸 것이 없어지면
시방세계 모두가 조는 것 뿐
잠속에 만약 잠 없는 도를 얻으면
자고 자지 않는 것 모두 다 졸음이네.

부처와 조사들은 욕심 많은 분들이라
열반을 안 얻고는 잠을 자지 않으셨네.
그분들이 장부라면 나 또한 장부
조사관을 뚫지 않고 어이 잠을 잘손가.

입도 코도 눈도 없는 물건이
때로는 밥 먹고 때로는 자고
자고 나면 일어나서 마음대로 말하고
서산에 해가 지면 또다시 잠자네.
하하하하, 이것이 무엇인고.
고양이 머리에 뿔이 났고나.

〈1942. 내소사 본래선원에서〉

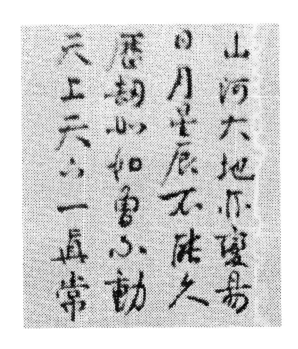

해제법문(解制法門)

스님이 법상에 올라,

"가는 곳마다 푸른 버들 말매기 좋고
집집의 문이 장안으로 터졌는데
여기 무슨 결제 해제가 있겠는가."

한 스님이 물었다.
"결제가 있기 때문에 해제가 있지 않겠습니까?"
"선악 친소 증애가 모두 한 생각에 달려있다.
그러나 인아(人我)·시비(是非)·생사·보리를 초월한 것이
결제 해제가 아니니 망상을 피우지 말라."

"어떤 학인이 개도 불성이 있습니까? 하니
'무(無)' 하였는데, 진짜로 개는 불성이 없는 것입니까?"
"남악 회양이 무슨 물건이 이렇게 왔는고 하는 말을 듣고
세월을 잊은 바 있다.
머릿속에 꼭 잡아매 딴 생각이 없었기 때문이다.

혹 딴 생각이 나 분별심을 일으켰다면

그것은 번갯불로 수미산을 태우는 것과 같았다.
떠난 계집 생각으로 밤잠을 이루지 못한대서야 되겠는가!
소 타고 소 찾지 말라.

찾는 이 누구이며 소란 또 무엇인가?
찾는 이가 있다면 본래 잃은 적 없으리
어리석은 사람들이 제 면목인 줄 모르고서
방초 언덕 위에서 세월만 허송하네.

어젯밤 비로 골짜기에 물소리 울리고
동산속 봉숭아꽃 아침에 향기롭네.
물소리 꽃향기 모두가 좋거니
아마도 이곳이 신선 사는 곳인가 하노라.

보는 사람 보이는 소 모두 다 공한 것을
공적한 그 가운데 무엇을 본다 하나
봄을 찾아 헤매며 온종일 고생타가
집에 돌아오니 뜰 가득 꽃이 피었네.

찾을 것 없는데서 소리를 찾았다 하지만
찾은 소는 원래부터 집에 있던 소일세.
여기서 찾고 못 찾고 무엇을 따지겠네,
한발짝도 움직이지 않고 여기가 도량이지.

도 닦음도 상이요 번뇌 끊음도 상이나

닦지 않고 끊지 않으면 공에 떨어지나니
상에 집착하고 공에 떨어지는 것 모두가 옳지 않네.
푸른 하늘이 만 리면 달빛도 만 리.

소 타고 피리 불며 고향에 돌아오니
푸른산 천만리에 구름조차 향기롭네.
집안의 소식을 말하는 이 없지마는
적적한 옛 동산에 꽃향기 그윽하네.

옛 동산 대숲 속에 홀로 앉아 생각하니
오랜 세월 하던 것이 한바탕 꿈일세.
고요하여 일없는 이 아는 사람 하나 없고
둥근 달만 밝게 떠서 홀로 비추네.

꽃은 저리 흩날리고 봄조차 흘러갈제
푸른산 어디에나 구름이 자욱하네.
물도 흐르지 않고 바람소리 끊어졌는데
빈 누각만 고요히 천 년을 서 있네.

짧은 것은 짧은대로 긴 것은 긴대로
촌과 척이 원래부터 참으로 같은 것을
농부들은 술병 들고 밭으로 일 나가고
어부들은 달빛 맞으며 바다로 나가네.

소 찾던 그 사람 지금은 어디 있소.

물 긷고 나무하던 일 다 그것 아니던가.

태평가 한 가락이 어디서나 참 좋구나.

대장부 살림살이 이만하면 넉넉하네.

〈38년 3월 청련암에서〉

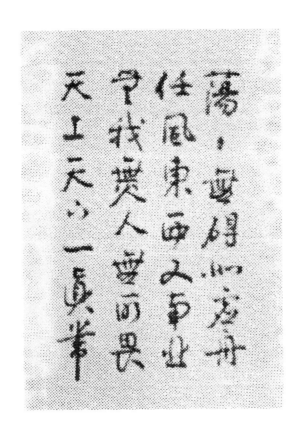

보덕사 발원문(發願文)

다음은 보덕사(報德寺) 정진회 발원문이다.

윤회를 면치 못하고 생사고해에서 떴다 잠겼다 하는 중생들을 건지기 위하여 천백억 화신을 나투시는 대자비부(大慈悲父) 석가모니 부처님이시여!

어느 때, 어느 곳을 가리지 않고 괴로워하는 중생들이 명호(名號)만 불러도 건져주시는 대성자모(大聖慈母) 관세음보살님이시여!

이제 저희들 정진대중 일동은 두 손을 모아 불보살님 전에 엎드려 고하노니 굽어 살펴 주시옵소서. 저희들은 부처님의 가르침을 믿고 깨달음을 얻고자 신명을 바친 불자들이옵니다.

부처님의 말씀에 저희들 어두운 중생도 청정본연(淸淨本然)의 뚜렷한 각성(覺性)은 부처와 다름이 없다 하시고, 이 평등한 원만각성은 범부나 성현이나 더하고 덜함이 없다고 하였습니다. 그런데 중생은 마치 밝은 햇빛이 구름에 가리어 나타나지 않듯이, 어두운 무명(無明) 때문에 자기 본래의 깨끗한 각성을 미(迷)하였으니, 구름만 사라지면 밝은 태양 빛이 나타나듯 무명만 다 녹으면 자기의 청정각성이 시방법계에 가득하다고 하셨습니다. 그리하여 저희 정진대중 일동은 이 무명업장(無明業障) 소멸하기를 지극한 마음으로 기도하옵니다.

불보살님이시여!

무정한 세월은 금년도 또 서산을 넘으려고 황혼에 접어들었습니다. 지나온 1년을 돌이켜 생각해 볼 때 예년과 마찬가지로 역시 속아서 살아왔습니다. 해마다 정조(正朝)에 하는 계획과 다짐은, '금년은 보람있게 보내리라' '참답게 지내리라' '후회하지 않도록 정진하리라' 하지만 납월(臘月) 30일을 당하여 결산을 해보면 '또 속아서 살았구나' 하는 통한(痛恨)과 후회밖에는 남는 것이 없습니다.

이리하여 금년 늦게나마 마지막으로 저희들은 특별 정진회를 열어 발원(發願)하고 기도하는 바이옵기에, 다른 소원은 하나도 없습니다. '오직 비롯함이 없는 먼 옛날로부터 오늘에 이르기까지 다생겁래(多生劫來)로 두텁게 쌓인 무명업장을 한 생각에 소멸하고, 저희들이 본래 갖춘 청정원각을 성취케 하여 주시옵소서' 하는 발원뿐이옵니다. 천년이나 어둡던 동굴도 촛불 하나로 일시에 밝아지듯이, 백겁(百劫)에 쌓이고 쌓인 무거운 죄라도 깨끗한 한 생각으로 단번에 녹아질 것을 믿어 의심치 않습니다.

부처님께서 가르치신 바와 같이 백천만겁의 모든 업장이 몸과 입과 뜻, 3업에서 비롯한 것이 아니옵니까. 그러므로 몸으로는 살생(殺生)과 도둑질(偸盜)과 음행(淫行)하는 죄를 짓고, 입으로는 거짓말·꾸며대는 말·이간질과 나쁜 말 하는 업을 짓고, 뜻으로는 탐심(貪心)과 진심(嗔心)과 치심(痴心)을 내어 천만 가지 죄가 이 열가지 악업에서 뿌리가 된 것으로 아옵니다.

이 열 가지 악업은 다름 아닌 오직 '나'라고 하는 아상(我相)에서 뿌리가 된 것으로 생각하옵니다. '나'라고 집착하는 이 한 생각 때문에 나를 따르는 경계가 오면 좋아하고 나를 거슬리는 경계가 오면 싫어합니다. 그리하여 사랑하고 미워하고 시새우고 헐뜯고 아첨하고 이간질하고 깔보고 욕하고 차고 물어뜯고 심지어 죽이기까지 하는 등 실로 무시무시한 죄업을 짓습니다. 이로 인하여 육도사생(六道四生)에 순환하고 삼계(三界)에 윤회하여 마침내 청정원각을 성취하지 못한 것으로 아옵니다.

사대가 화합하여 지·수·화·풍(地·水·火·風)으로 된 몸이라 실상(實相)이 아닌 줄을 알고 육진망념(六塵妄念)으로 나타난 허환(虛幻)한 마음이라, 몸과 마음이 다 환(幻)으로 있는 것임을 압니다. 그러면서도 눈병 있는 자가 마치 허공에서 일어나는 꽃을 실제 꽃으로 알고, 꿈꾸는 자가 꿈속에서 일어나는 일을 실제 일로 알듯이, 실상이 아닌 무명의 환화상(幻華像)에 집착되어 해탈(解脫)을 얻지 못하니, 얼마나 불쌍하고 통분(痛憤)할 일이옵니까.

옛날 조사(祖師)스님 중에는 오랜 시일을 헤매지 않고 선지식을 친견한 자리에서 한 마디에 생사를 초탈하는 대불사를 성취하신 이가 한량없이 많았던 것을 잘 알고 있습니다. 조주(趙州)는 남전(南泉)스님에게 "평상심이 도(平常心是道)"라는 마조(馬祖)의 한 말씀에 깨달음을 얻었습니다. 수료(水潦)화상은 마조에게 가슴을 채여 넘어지는 찰나에 깨닫고 껄껄 웃었으며, 동산(洞山)은 물을 건너다가 자기 그림자를 보고 천지가 일전(一轉)하였거늘, 다같이 살가죽 밑에 피가 흐르는 사람으로서 어찌하여 저희들은 생사고해에 윤회를 면치 못하고, 어제도 오늘도 또 내일도 무명의 파도 속에 두출두몰(頭出頭沒)하면서 뛰쳐나올 줄 모를까요? 이 모두가 무시겁래(無始劫來)로 쌓인 업장이 무겁고 두텁기 때문인가 하여 이를 소멸하기 위해 이번 2·7일 정진기간 중에 처음으로 삼일 기도를 올리는 바입니다.

불보살님이시여!

기도는 반드시 소원을 성취하는데 목적이 있는 것이며, 그 목적을 달성하기 위하여 청정일념에 도달해야 합니다. 청정일념이 되기 위하여 자타와 능소를 돈망하는 무아의 경지에서 한 생각이 만년을(一念萬年) 가야 할 것으로 아옵니다. 이 일념에서 비로소 인아상(人我相)이 무너지고, 탐·진·치(貪·瞋·痴)가 탈락되고 허공이 녹아 다하고 청정원각이 시방에 가득하여 백억 산 석가가 봄바람에 춤을 추고 산하대지와 일월성신이며, 꽃과 물, 두두물물(頭頭物物)이 일진상(一眞相)이 될 것을 의심치 않습니다.

만겁(萬劫)에 얻기 어려운 사람의 몸을 받았고, 만겁에 만나기 어려운 거룩한 법을 만나게 된 저희들로서 어찌 일 분, 일 초인들 헛되이 보내오리까. 어찌 귀중한 일생을 허송낭사(虛送浪死)하고 말겠나이까.

저희들은 맹세합니다. 이번 기도의 목적을 기필코 달성할 것을!

그리고 이번 정진의 빛나는 성과로, 기어코 천지가 일전(一轉)하는 대불사를 성취할 것을 정진대중 일동은 시방세계 모든 불보살님 전에 굳게 발원하오니 굽어살피사 가호하여 주시옵소서.

〈불기 2513. 12. 5. 보덕사에서 정진대중〉

특별정진 기원문

　보덕사 선대중(禪大衆) 일동은 얼마 남지 않은 해제를 앞두고 특지(特志)를 발하여 대자대비하신 불보살 전에 간절한 마음으로 힘을 다해 기원하옵나이다. 인생 최대의 문제인 생사대사를 해결하기 위하여 집을 나온 저희들이오니 어찌 생각인들 없겠사오며 어찌 용기인들 아니 내오리까. 하지만 광대무시겁래로 내려오면서 쌓인 무명업장 때문에 결제 이래 정진을 계속하여 왔으나 때로는 망상, 때로는 혼침, 무기에서 헤매고 공포와 회의에 방황하기 한두 번이 아니었습니다. 이러고서야 어찌 생사대사를 초탈한 구경열반의 피안에 도달할 날이 있사오리까.

　"한 번의 추위가 뼈에 사무치지 않았던들 어찌 봄의 매화 향기가 코를 찌를 수 있으랴" 하신 고인의 시와 "이 몸을 금생에 제도 못하면 다시 어느 생을 기다려 제도하랴" 하신 글을 생각하면서 저희 선중(禪衆) 일동은 크게 결심한 바 있어 이번 특별정진을 단행하게 되었습니다.

　불보살이시여, 어둡고 불쌍한 저희들을 굽어 살펴 주시옵소서. 마땅히 저희 자신이 할 일을 스스로 하지 못하고 부처님을 의지하고 보살님을 괴롭히는 생각을 하면 오히려 그 죄가 한없이 클 것이나 오죽이나 못생긴 저희들이오라 언제고 괴로우면 어머니를 부르고 큰일을 당할 때면 아버지를 찾게 되나이다.

대자비부(大慈悲父) 부처님이시여, 대성자모(大聖慈母) 보살님이시여, 이번 저희들의 특별정진을 일념으로 성취하도록 도와주시옵소서. 천사량 만사량과 팔만사천 요괴와 마군을 저희들의 신심 일념인 금강왕보검(金剛王寶劍)으로 격퇴하고 항복받아 다시는 머리를 들지 못하게 하여 주시옵소서. 그리하여 백겁에 지은 죄가 장작더미같이 쌓였더라도 성냥 한 개비로 다 태우듯이 한 생각 깨끗한 신심에서 모두 녹아 다하도록 하여 주시옵소서.

부처님이시여, 보살이시여, 이 몸이 죽고 또 죽을지라도 이번 정진에 한 번 분발한 굳은 신심은 다시는 퇴전치 않을 것으로 자신있게 맹세하옵나이다.

원컨대 이번 특별정진을 회향하기까지 보고 듣고 먹고 마시고 앉고 서고 눕는 모두가 타성일편(打成一片)이 되어 오직 청정일념 삼매에서 이루어지게 하여 주시옵소서. 그리고 도량신·토지신·가람신 등도 우리 정진대중을 옹호불리(擁護不離)하여 털끝만큼도 지장이 없게 하여 주시옵소서.

〈1968. 하안거 윤7월〉

정진법회 격려사

작년 오늘 이 자리에서 전등회(傳燈會) 창립총회를 가졌었고 오늘은 그 첫돌을 맞이하게 되었습니다.

지난 1년을 돌이켜보면 한 돌을 맞는 어린아이로서 처음은 전주에서, 두 번째는 이곳 서래선림(西來禪林)에서, 그리고 세 번째는 충남 예산에서 모두 세 차례의 정진법회를 하였습니다. 생각하면 그것만으로도 이제 겨우 한 살 먹은 어린 나이로서는 충분한 불사를 했다고 자부할 만합니다. 1년간의 업적이 그러할진대 다시 내년 2주년을 맞게 될 때는 보다 더 많은 업적을 나타내리라고 믿습니다.

어느 절이나 매양 불사를 하게 마련인데, 여러 가지 불사 가운데 참으로 하지 않으면 안될 불사가 과연 무엇인가를 깊이 알아보아야 할 것입니다. 물론 절을 짓고 탑을 세우고 경을 찍고 탱화를 모시는 것 무엇 하나 버릴 것이 없지만 그 모든 불사가 궁극적으로 무엇을 하기 위함인가를 성찰해야 할 것으로 압니다. 그것은 두말할 것도 없이 참 부처를 이루기 위한 것입니다. 그러므로 견성성불을 도모하는 정진불사야말로 불사 중의 불사이며, 그것은 전등회 회원만 힘써야 할 불사가 아니라 모든 불자, 나아가 전세계 인류가 마땅히 해야 할 불사입니다. 이미 전등회의 목적에서도 말한 바와 같이 등불을 밝혀 어두운 사바세계를 밝은 극락세계로 만들고자 하면 모든 사람이 각자의 마음속에 부처님의 등불을 밝혀야 하기 때문입니다.

이 세상에는 잘난 사람도 많고 지식이 풍부한 사람도 많지만, 자기를 아는 사람이 과연 몇이나 되느냐고 묻는다면 그다지 많지 않을 것이라고 생각됩니다. 물론 개중에는 위대한 정치가도 있고, 훌륭한 철학자도 있고, 덕이 높은 교육자도 있어서 사회적 지도자가 부지기수로 많겠지만 참으로 자기의 진면목(眞面目), 다시 말해서 부모가 나를 낳기 전부터 있었던 자기의 참 얼굴을 알고 살아가는 사람이 몇이나 되는가 하는 말입니다.

우리는 너나 할 것 없이 자타의 관념을 초월해서 종교·비종교를 초월해서, 불교·비불교를 초월해서 우리가 사람이라는 입장에서 반드시 해결해야 할 문제, 즉 사람이란 무엇이며 어떻게 살아야 하는가를 알아야 할 것입니다.

오늘날 물질문명은 극도로 발달되어 심지어 저 달나라까지 왕래하게 되었지만, 정신문명에 있어서는 과거 어느 때보다도 타락했다 하지 않을 수 없습니다. 물질적으로는 대단히 편리해졌지만 윤리도덕은 땅에 떨어지고 도처에 불안과 공포는 날로 심해 가고 있습니다. 이들에게 우리가 무엇을 일러주고 어떻게 이끌어 주어야 마음에 안정을 찾고, 사람다운 예절과 사랑을 가질 수 있는가 하는 것이 큰 문제입니다. 그 길은 다른 길이 없습니다. 어둡기 때문에 자기 자신을 모르고 바른 길을 몰라 온갖 죄악을 저지름으로써 사회가 날로 혼란에 빠지게 되니, 우리 마음속에 등불을 밝혀 그 등불을 그들에게도 모두 밝혀주어야 합니다.

여기 모이신 여러분들은 단순히 나 하나만을 위하여 견성성불을 바라는 것이 아니고, 불보살의 대비원력을 배워서 모든 사람을 광명의 세계로 이끌기 위하여 성불을 염원했습니다. 그렇게 함으로써 참다운 인간의 목적을 달성해 보자는 것이 여러분의 공통된 희망이라고 생각합니다.

그러므로 지나간 1년 동안의 사업도 그러했지만 앞으로도 우리가 할 수 있는데까지 모든 사람을 선량하게 만들고, 삿된 길로 빠지는 사람을 바른 길로 인도해주도록 노력해야 할 것입니다. 그러기 위해서는 내가 먼저 밝은 사람이 되어야겠지요. 내 눈이 멀어서는 남을 바른 길로 이끌어 갈 수가 없습니다. 그러므로 내 등불을 밝히자는 것이 정진의 목적이요 실천입니다. 나는 모르면서 남더러 이러니저러니 한다는 것은 우스꽝스러운 일일 뿐입니다. 이것은 구호로 외쳐서 되는 것도 아니며, 오직 선(禪)을 실천해서 스스로 깨쳐 얻어야만 영원히 꺼지지 않는 등불이 되는 것입니다.

전등회의 사업 중에는 1년에 네 차례의 특별 정진법회를 갖도록 되어 있거니와 회원 여러분께서는 이 정진법회에 빠지지 말고 참가해주십시오. 부득이한 사정이 있어서 전부는 참석하지 못하더라도 가급적이면 최소한 두 차례 이상은 기필코 참례하도록 노력해야 할 것입니다. 그래야만 전등회의 발전과 더불어 자기 향상에 도움이 된다는 점을 잊어서는 안됩니다.

우리가 견성하기 전까지는, 그리고 자아를 완성하기 전까지는 이것보다 더 급한 일이 없고, 이것보다 더 중요한 일이 없습니다. 이 일을 성취하지 않고서는 살아있어도 산 목숨이 아니며,

길을 가도 옳게 가는 길이 못되기 때문입니다.

　아무쪼록 군은 굳은 입지(立志)로써 원대한 포부를 성취하는 출격장
부(出格丈夫)가 되어주시기 간절히 바라며 격려사에 갈음합니다.

〈1970. 4. 12. 서래선림에서 전등회 제1회 정기총회〉

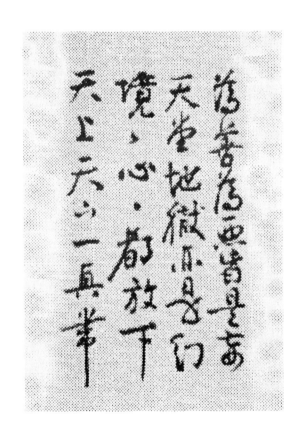

천상천하 유아독존

"하늘 위에서나 하늘 아래서나 내가 홀로 높다"는 말을 모르시는 분은 없을 것입니다. 그러나 "나를 잘못 인식하면 잘못 자아(自我) 자만(自慢)에 빠져 남을 없인 여길 염려가 있습니다.

여기서 말하는 나는 "천지자연의 나", "우주본체의 나" 곧 너 나가 갈라지기 이전의 나를 말합니다.

그러면 그런 나가 어떻게 갓 태어나는 아이의 입에서 쏟아져 나올 수 있습니까? 말로 해야만 소리가 아니고, 소리로 해야만 말이 아닙니다. 천지 4방으로 손발 흔들며 "응애응애" 하는 나는 "천진난만한 나" 아직 너와 내가 나누어지기 이전의 나입니다.

산도 산인 줄 모르고, 물도 물인 줄 모르는 나를 "산이다, 물이다" 이름짓고 산과 물속에 집을 짓고 살게 한 나, 이것은 부모도 아니고 자식도 아니고 스승도 아니고 제자도 아닙니다. 본래부터 가지고 온 나, 하늘 땅이 생기기 이전부터 누구나 가지고 있는 나입니다.

그래서 경전에서는 싯다르타가 태어나면서부터 사방으로 일곱 발짝씩을 걷고, 한 손은 하늘을 가르치고, 한 손은 땅을 가르치고, "천상천하 유아독존"이라 하였다 하나 근본불교(우타나, 自說經)에서는 부처님께서 처음 도를 깨닫고 외치신 초성(初聲)이고 보리수나무 밑에서 깨닫고 정안탑(淨眼塔, 不眴塔)이 있는 곳으로 왕래하며 말없이 외쳤던 나, 그 나는 일찍이 시간속에 물들고 공간속에 변이(變異)하는 일이 없었으므로 땅속에서 연꽃이 솟아나듯 3계(界) 25유(有)를 이 연꽃의 원리에 의하여 깨닫도록 해주겠다 하여 연꽃이 솟아난 것입니다.

연꽃은 바로 인생입니다. 모든 존재는 아홉 개의 구멍속에 살아가고 있습니다. 두 눈, 두 코, 두 입, 하나의 입, 하수도 둘 여기에 생리의 통로가 하나 더 생기면 석녀(石女)가 아기를 낳게 됩니다.

그래서 화엄경은 모두 10진법(十盡法)에 의하여 만물을 설명하고, 음양오행에서는 9×9법, 즉 구공창(九孔牕)으로 인생을 설명합니다.

그런데 이런 도리를 잘 알지 못하는 사람은 맹목적으로 피차(彼此)·내외(內外)·상하(上下)·전후(前後)를 중심으로 너, 나를 가리고 아집(我執)·아견(我見)·아애(我愛)·아만(我慢)하고 있습니다.

여기서 온갖 시비와 사상이 나왔으니 이를 깨달으면 피차가 둘이 아니고 전후좌우가 모두 한 통속의 일이라는 것을 깨달을 것입니다.

그러므로 옛사람이 모르면 "개잡아 죽을 쑤는 일"이 되고, 알면 "천하가 태평해진다" 한 것입니다.

아시겠습니까?

"천상천하 유아독존."

안다고 해도 한 방망이 맞을 것이오,
모른다 해도 한 방망이 맞을 것입니다.
목탁소리 종소리 죽비소리에
봉새가 은산철벽 밖으로 날았네.
사람들이 나에게 기쁜소식 묻는다면
회승당 안에 만발공양이라 하리라.

〈스님께서 도 깨치고 부르신 노래〉

마음에 등불을 밝히다

사바세계는 무명풍(無明風)에 휘날리는 어두운 세계이다. 어두운 세계에는 밝은 빛이 필요한데 낮에는 해, 밤에는 달과 별이 비추나, 안에는 비추지 못하므로 등불이 필요한 것이다.

그러나 해와 달·별·등불은 자기가 해와 달·별·등불인 줄도 모른다. 사람들이 그것을 보고 해와 달·별·등불이라 이름을 붙였다. 그것은 사람의 마음 속에 해와 달·별·등불보다도 더 밝은 빛이 있기 때문이다.

그렇기에 단군임금님께서는 다음과 같은 동요를 노래했다.

뿌라뿌라(弗亞弗亞)	빛난다 빛난다
스상스상(侍想侍想)	잘 모셔라 잘 모셔라
도리도리(道理道理)	이런 도리 잘 알아
곤지곤지(坤地坤地)	땅 파먹고 살면서
지암지암(地唅地唅)	수입 지출 잘하여
서마서마(西摩西摩)	독립해서 살아라
업비업비(業非業非)	그른 짓 하지 말고,
아함아함(阿唅阿唅)	암암 그렇게 해야지

작작궁작작궁(作作窮作作窮)	그러면 짝지어 주리라.
지나나활활의(支阿那活活議)	제 부모 잘 살리도록
꺽궁(覺窮)?	알았느냐?
꺽궁(覺窮).	알았습니다.

라 한 것이다.

모르면 기름종지에 심지를 꼽아 등불을 밝혀야 한다. 가난한 여인이 수미등을 밝히듯이…

이 세상은 마치 전쟁터 같다. 세상 사람들은 약육강식으로, 도 닦는 사람은 생사대해를 건너기 위해서 마치 사공이 파도를 헤치고 넓은 바다를 건너가듯 용맹한 전사가 분투하여 적진을 쳐부수고 승리의 월계관을 쓰듯이 틈을 주지 말고 노력해야 한다.

그래서 내가 유마거사가 베살리성에서 한 등으로 백천 등을 켜듯이 어두운 세계를 밝히고자 전등법회를 연 것이니 어두운 세계에 등불을 밝혀라.

만일 7일 안에 도를 깨친다면 7일 전쟁이 될 것이고, 3일 만에 도를 깨친다면 3일 전쟁이 될 것이다. 에디슨이 전기를 발명할 때 계란을 삶는다고 회종시계를 삶듯이 딴 생각 하지 말고 허송세월 보내지 말라.

정진하는데는 반드시 다섯 가지 무기가 필요하다.

첫째, 현재 우리가 처해 있는 장소가 생존경쟁의 전쟁터임을 생각하고

둘째, 자신이 스스로 전쟁하는 전사임을 인식하며

셋째, 적(마군)이 누구인가를 먼저 알아야 하고

넷째, 싸우는 목적(成佛)이 분명해야 하며

다섯째, 전쟁의 무기(話頭)를 쓸 줄 알아야 한다.

여섯째, 전쟁의 방법은 해전도 산전도 공중전도 아닌 백병전임을 깨달아 죽느냐 사느냐 이 전쟁의 판가름에서 윤회와 해탈의 길이 갈려진다. 자유속에서 마음대로 살겠느냐, 구속속에서 노예생활을 할 것인가는 본인이 결정지어야 할 과제이다.

천불만불 역대 선지식들이 모두 이 길에서 고민하고 전쟁하였으니 우리 또한 고민하지 아니할 수 없다. 여기에는 지원병도 없고 공중폭격기도 없다. 오직 육박전으로 싸워 육박전으로 이겨야 한다.

어떤 사람은 고민하다 상기병에 걸린 사람도 있고, 겁에 질려 먹지 못하다가 피똥싸고 쓰러진 사람도 있다. 그러나 만자중 그대는 용맹대장군, 무엇을 두려워하고 걱정할 것이 있겠는가. 하늘이 내려다보고 땅이 우러르거늘….

나도 한때 방황하여 정진을 해보았는데

올 때에도 산이요 갈 때에도 산이었다.

뜬구름 흐르는 날 한가한데

고향가는 노래를 어떻게 부를까 하였더니

맑은 바람 밝은 달이 저절로 돌아왔다.

그래서 나는 나의 두 제자가

행각길에 나설 때 이렇게 부탁한 일이 있다.

이 땅에 불법이 많아서 실로 생각하기 어렵다.
뭇 개 쫓지 말고 홀로 사자걸음 걸어라.
천산이 모두 도량이요 만수가 다 보리이니
가는 곳마다 장안, 모두가 내 집 소식이니라.

〈1969. 12. 전등회법회를 마치고〉

入纏垂手 단계의 행각승

불법의 이치

오늘은 전등회를 설립하여 스물한 번째 정진을 마치는 날입니다. 고당(古堂)의 향로처럼, 가을 하늘에 물처럼, 맑고 깨끗한 도반들이 한데모여 회향하는 날이라 맑아진 분도 있고, 번뇌가 좀 가라앉은 분도 있고, 확실하게 깨달은 분도 있고, 아직 집에 돌아가는 도중에 계신 분도 있겠지만 모두가 부처입니다. 알면 아는 대로 부처, 모르면 모르는 대로 부처, 깨치면 깨친 부처, 못 깨쳤으면 못 깨친 부처, 여러분은 무시 이래로 그렇게 살아왔습니다.

그러므로 염송에 "부처님께서 도솔천64

에서 내려오시기 이전 왕궁에 태어났고 어머니 태중에서 나오기 이전에 이미 중생을 다 제도했다" 하신 것입니다.

그 "한 물건" 본래부터 깨끗하여 너도 나도 없는 물건, 제도할래야 제도할 것도 없고 제도될 것도 없는 물건, 이 물건을 모르면 개가 흙덩이를 쫓아가게 되어 있습니다.

"삼 서근" "본래면목" 모두가 이름뿐입니다. 그놈을 쫓지 말고 쫓아가는 놈이 누구인가를 깨달아야 합니다. "무(無)"자도 "시심마(是甚麼)"도 마찬가지입니다.

주장자를 한 번 들어 보이고 크게 "할(喝)"한 뒤 물으셨다.

"보았는가?"

"들었는가?"

"보고 듣는 놈이 누구인가?"

이것을 알았다면 삼라만상 두두물물이 모두 나 아닌 것이 없을 것이고, 내 소리 아닌 것이 없을 것입니다.

그러므로 "여래(如來)는 오는 것도 가는 것도 아니고, 행주좌와 어묵동정에 걸림없도다" 하였고, 어떤 사람이 "나에게 한 권의 책이 있는데 종이와 먹으로 이루어진 것이 아니다. 한 글자도 쓰지 아니했으나 항상 큰 빛을 발한다" 한 것입니다.

그러므로 공부하는 사람은 앉던지 눕던지 걷던지 서던지 항상 자기 밑자리를 보고 사는 것입니다. 그래서 화엄경에

약인욕요지(若人欲了知)

삼세일체불(三世一切佛)

응관법계성(應觀法界性)

일체유심조(一切唯心造)

라 하지 않았습니까. 부처를 볼려면 먼저 제 마음을 관해야 된다고 말입니다. 이름은 천만가지이지만 모양이 본래 없으니 그림자 쫓다가 한 세상 다 보낸 사람도 있습니다. 세상을 아는 사람은 많아도 자기를 아는 사람은 드뭅니다. 여러분 아시겠습니까?

〈1972. 5. 17. 주장자를 세 번 구르고 내려오셨다〉

조주스님이 "나무부처는 불을 지나가지 못하고, 흙부처는 물을

건너가지 못하고, 금부처는 화로를 건너가지 못한다. 단지 참부
처는 그 안에 있다"하였는데, 이것이 무슨 말씀입니까?

　마음부처는 짓는다고 지어지고, 그린다고 그려지고, 부신다고
부셔지는 것이 아니다. 말이 없으니 언어가 없고, 언어가 없으니
명자가 없고, 명자가 없으니 상벌이 없다. 상하 차별이 없고 원
수나 친한 이가 없으며, 빈부귀천이 없으니 이것이 부처의 세계,
가서 한 번 놀아 볼만도 하지 않습니까!
　세상에는 영원한 것이 있고 무상한 것이 있습니다. 억천만겁이
한생각 속에서 튀어나오고 탐·진·치(貪·瞋·痴) 3독이 3세속
에서 왔다 갔다 합니다. 시간과 공간은 분명한데 그 시간 그 공
간에 머물지 아니하는 놈이 있으니 이것이 무엇인가? 그대들의
본래면목이다.
　있다고 해야 할 것인가 없다고 해야 할 것인가. 나는 그 까닭
을 알 수 없다. 여기 무슨 해제 결제가 있으며, 시끄럽고 고요한
것이 있겠습니까!
　푸르지 않고 누르지도 않고 천만가지 모두가 그 속에서 나타
나도 일찍이 한 번도 변한 적 없는 그 마음, 나는 그 마음을 노
래하기 위해서 삼각산 전등선원에 와 있습니다.

　붉은 꽃에 붉은 마음
　파랑 꽃에 파란 마음
　세상은 제멋대로
　제 마음의 꽃을 피워간다.
　그래서 혜산(慧山)을 혜산이라 한 것이니

산이 산이 아니고 물이 물이 아닌 까닭이다.

알았는가 혜산!

산에 들어가면 산도 없고 물도 없다는 것을!

철산(鐵山) 동명(東明) 벽산(碧山) 이산(以山) 야산(也山) 추산(秋山) 향산(香山) 우산(愚山) 여산(如山)도 마찬가지이니, 철산은 진퇴하기 어렵고, 벽산은 푸르고 이산은 거래가 없고 야산은 계절 따라 달리 나타나기 때문이다.

달마대사가 동쪽을 향하니 어두운 세계가 밝아져 동명이 되고, 봄 가을빛이 바람 따라 달라지니 추산이다.

마음의 향기 끝이 없으니 향산이요,

제 이름도 고향도 모르니 우산이다.

하늘이 나기 전에도 그러하였고, 땅이 생기기 전에도 그러하였으니 하늘 땅은 오래지 못해도 여산은 흔들리지 않으므로 이름이 여산이다.

내가 이렇게 무위자(無爲子) 소공자(簫箜子) 대암(大庵) 방암(方庵) 불암(佛庵)이라 호를 지어주고, 월암(月庵) 무상(無上) 운산(雲山) 태허(太虛) 삼밀(三密) 지상(知常)이라 이름을 지어준 것은 그의 체상(體相)과 작용을 잘 알아 속지 말라고 한 것이니 만일 그 마음 담연(湛然)하여 이름 부를 수 없는 줄 알면 부처도 아는 지불(知佛)이 되고, 도반을 거느릴 도림도 되어 명자 그대로 호산(乎山) 향산(香山) 덕산(德山)이 되리라.

남자는 거사(居士)라 하고 여자는 보살(菩薩)이라 하며, 선을
닦으면 선자(禪子) 공부하면 학인(學人) 깨달음의 말을 내리면 법
어(法語)라 하였으니, 그 이름에도 속지 말라. 거사가 선자가 되
기도 하고 보살이 학인이 되기도 하기 때문이다. 하나를 모르면
전체를 모르므로 지일(知一)이고, 바다속에서 방울물을 헤아리므
로 지혜(智慧), 들불 번갯불은 세상을 놀라게 하므로 일지(逸智)
이고, 누구하고도 비교할 수 없으므로 무등(無等)이라 불렀다.

법고무(法鼓舞)
한 가지 북 속에서 만 가지 춤이 나온다.

인연있는 사람들에게 내린 편지

스님은 편지로서 사람들을 깨우치고 고민을 없애주며 희망을 갖도록 격려하여 삶의 보람과 영광을 얻게 하였다.

정병규 선생에게

정병규(丁炳圭)선생이 병이 들어 물어오자 다음과 같이 세 번 회답하였다.

"글을 보니 세 출세간이니 고민한 모습이 역력한데 본인만 그렇게 느끼는 것이 아니라 삼계도사 사생자부도 '세상이 온통 고해(苦海)'라 하였습니다. 한 생각이 일어나면 만법이 따라 일어나고, 한 생각이 없어지면 만 생각 또한 없어지게 되어 있으니 전생의 인연을 생각하여 고락성쇠(苦樂盛衰)의 마음을 잊어버리십시오. 번뇌와 보리가 둘이 아니고, 망상과 진여, 생사와 열반, 행과 불행이 둘이 아닙니다. 왜냐하면 본래 우리가 이 세상에 태어나기 이전에는 그런 관념이 없었기 때문입니다. 그러니 이에 무심할 수 없다면 행·주·좌·와, 어·묵·동·정의 유언을 낱낱이 살펴보시고, 먹고 눕고 자고 깬 놈이 누구인가를 살펴보십시오. 그놈은 본래 이름도 모양도 없는 놈이니 부모를 섬기고 처자를 거느리는데 집착하지 아니할 것입니다." 〈제1신〉

"번뇌와 보리 진·망 양념에서 명·무명(明·無明)이 분명치 않나니 인과의 선후(先後)를 생각해보면 닭이 먼저인지 알이 먼저인지 분명히 알게 될 것입니다. 일체법이 환(幻) 속에서 났다가 환속으로 사라져 가기 때문입니다." 〈제2신〉

"오랫동안 병과 싸워 이겼다 하니 참으로 반가운 소식입니다. 생각해보면 사사건건이 병 아닌게 없습니다. 없는 사람은 없는 것이 병이요, 있는 사람은 없어질까 병이니 대소명암(大小明暗) 방원장단(方圓長短)이 병 아닌 게 없습니다. 이제 오랜 세월 쌓였던 체를 뚫고 시원하게 살게 되었으니 천사만려(千思萬慮)를 한생각으로 털어버리시고 염불하십시오. 시방세계가 확 트여 색과 공이 끊어져 사람도 법도 없게 되면 밤빛 가을바람이 더욱 빛나게 될 것입니다. 〈제3신〉

다음은 제자 동명과 월명·백산·일지에게 보낸 글입니다.

동명수좌에게

동명수좌가 객지에 나와 병을 앓을 때 편지를 보내니 그에 회답하신 것이다.

"몸이 있는 이상에는 병이 없을 수 없다. 그러나 의사가 아무 이상이 없다고 한다니 다행이다. 네가 너무 정진에 열중하여 생긴 병인 것 같으니 편히 쉬고 생각을 다행하게 가지라. 건강해야 남의 신세도 적게 질 수 있으니 사중(寺中) 생각은 하지 말고 네 공부에만 열심히 하라." 〈1969. 2. 26.〉

"금년도 벌써 반 해가 지났구나. 네 몸이 무병하다 하니 부처님 가호로 생각한다. 날씨가 시원해지면 등불을 가까이 하기 좋은 계절이라 하였으니 등불을 가까이 하라. 그대는 만학이므로 누구보다 열심히 해야 따라갈 수 있다. 그렇다고 잠 안 자고 책만 읽으라는 말이 아니다. 일행일구가 행동으로 나타나야 한다."

원명에게

"원명은 문수요 혜산은 보현이다. 나는 이 둘 사이에서 서울 대원정사 개원 법회를 마치고 일주일 정진을 회향하였다. 전주·김제·부안 전등회원들이 많이 붙어나고 있으나 지도할 사람이 없어 문제다. 경향각지에 사람도 많지만 쓸만한 사람이 없으니 모두가 걱정이다.

네가 물은 '이뭣고'는 화두 가운데 상화두다. 새삼스럽게 '이 (是)'자만 찾지 말고 사사건건 두두물물이 모두 이 속에서 이루어지고 있다고 생각하고 마음과 경계를 다 쉬라. 그리하면 마음은 마음대로 경계는 경계대로 견문각지가 그대로 '이' 자가 될 것이다.

중흥불사를 위해서 큰 서원을 세우고 있다 하니 진실로 고맙네. 음력 정월 수유리에서 만나 혜산과 함께 의논하기로 하세."

다음은 성근에게 주신 글이다.

성근(性根)에게

"여러 해 동안 형설(螢雪)의 공으로 졸업식을 가지게 되었다 하니 희열을 금치 못한다. 부처님의 골수이고 큰 경의 나침판으로 얻었다 하니 그 복을 어찌 말로 다 할 수 있겠는가. 지중한 부처님의 은혜와 그동안 성근을 가르쳐준 선생님 도반들께 진심으로 감사드린다. 너무 가난한 나를 스승으로 섬겨 공부도중 스승으로서 몫을 다하지 못했으니 부끄럽기 짝이 없다. 1금 40원 중 10원은 내소사에서 보낸 것이니 졸업비용으로 쓰기 바란다."

다음은 벽산에게 보낸 글이다.

벽산(碧山)에게

"그동안 자친상을 당했다 하니 상심이 얼마나 큰가. 사람은 나면 반드시 죽게 되어 있다 하지만 부모를 잘 모시지 못한 병승으로서는 늘 안타까움을 금치 못하네. 나도 신경통이 고질이 되어 있으나 정진하는 마음을 이겨내고 있으니 바쁘더라도 전등법회에 동참하여 정진하기 바라네.”

다음은 일지에게 보낸 글이다.

일지(逸智)에게

일지는 다른 스님의 상좌이지만 그가 출가할 때 스님을 찾아왔으므로 '입지여석(立志如石)'이라 써주고 율부의 방법을 물으면 다음과 같이 답변해 주었다.

“네가 벌써 출가한 지 1년이 지났구나. 그동안 불전의식도 잘 익히고 대중생활에 물이 들었겠구나. 군인이나 정치인이나 한 번 자리를 정하면 나라살림과 국토방위에 철저한 계획을 세우듯 너도 또한 불교에 대한 계획을 엄격히 세워 세속에 물들지 않도록 하라.

대개 선은 불심(佛心)이고 교는 불어(佛語)라 하는데 우리나라에서는 강원교육이 4, 5년 걸려 많은 시간을 할애하고 있다.

그러나 선은 2, 3일부터 일주일 이내에 깨달음을 얻지 못한다면 기름장판이 되어 천날하여도 그 날이 그 날이니 쇠뿔은 단번에 빼야 옳다고 생각한다.

나는 낙산사에 있으면서 열반경을 보았는데, 부처님의 그 해박한 지식과 지혜에 놀랐으며, 창건주 원효스님과 의상 스님의 정신이 천년이 넘도록 낙산사·신흥사·내원암·계조암·영혈사 등에 살아있는 것을 보고 새삼스럽게 놀랐다.

하늘의 천황도 1대에 영웅이고, 나라의 임금님도 한 세대에 위인일뿐 우리 부처님처럼 만세의 도인은 없다. 원효 의상은 메아리 울리는 골짜기에서 하늘을 나는 새들을 벗을 삼고 공부하였어도 오늘 이 시간까지 이 경지를 구경코자 구름처럼 몰려오는 사람들을 보고 새삼 놀라지 아니할 수 없다.

도는 만세의 귀감이고 세상의 욕망은 1세도 채우기 어려운 것이니 돌처럼 산처럼 굳고 큰 서원을 세운 일지는 반드시 불조의 혜명을 계승하기 바란다."

원효대사와 의상대사

소공기(素空記)

소공거사에게 붙이는 군소리.
한 물건이 여기에 있으니 소공이라 부른다.

어찌하여 소공이라 하는가. 본래(素) 공(空)하기 때문에 '소공'
이라 한 것이지 특별히 다른 뜻은 없다. 그러니 따져 묻기를 말
고 의심하지도 마라. 네가 묻는 것도 소공이며 내가 대답하는 것
도 소공이다. 묻고 답하는 것뿐만 아니라 보고 듣고 깨달아 아는
것도 소공이며, 산하대지도 소공이며, 생사와 열반도 소공이며,
나아가 부처와 중생, 성인과 범부, 언어와 문자, 시비선악 등이
모두 소공이다. 내가 이제 붓을 잡는 것도 소공이며, 이를 보고
서 헐뜯거나 칭찬하는 것도 소공이며, 필경에 소공이라 한 것도
소공이니 문자가 없고 언어가 없는 것이 좋다.

그런데 만일 이러한 소공이라면 어찌하여 '한 물건'이라 이르는
가. 만일 한 물건이 있다 하면 그 한 물건이란 무엇인가. 소공이
기 때문에 한 물건이라 할 수도 없다. 그러나 소공이라 이르는
그것이 하나 있기 때문에 한 물건이라 이름한다.

이 '한 물건'이라는 것은 유도 아니고 무도 아니니 이는 만물

의 근본이라, 하늘과 땅도 여기서 생기고 만물도 여기서 이름지어진다. 십자 네거리에서 술을 팔고 고기를 파는 것도 '이것'이며, 장안 만호에서 물을 긷고 땔나무를 나르는 것도 이것이며, 붉은 꽃 푸른 버들에 미친 듯 노래하고 어지러이 춤을 추는 것도 이것이다. 달밝은 가을밤에 거문고를 타고 긴 휘파람을 부는 것도, 저 하늘 끝까지 구름이 걸림 없이 오가는 것도, 맑은 바람이 부는 강물 위에 흰 갈매기가 한가로이 날아가는 것도, 찬 바위 깊숙한 골짜기에 꾀꼬리 울고 제비 재잘대는 것도 이것이며, 또한 옷을 입고 밥을 먹고 행주좌와 어묵동정에 모두 이 한 물건 아닌 것이 없다. 그러기에 한 물건이라 부른다. 한 물건이라 하여도 그것마저 본래 공하기 때문에 소공이라고 이름한다. 그렇다면 필경에는 무엇인가. 할을 한 번 하고 이르노라.

노래는 끝났는데 사람은 보이지 않고
저 강 위에는 두어 봉우리만 푸르네.

〈1957. 여름 안거 해제일에 완산선원에서〉

간절한 소망

어머니 같은 부처님

언제나 어머니 품과 같이 포근하고 든든한 부처님이시여. 어느 중생이고 밉고 고운 놈 없이 다 불쌍히 여기시고 사랑하사 똑같이 안아주시는 부처님. 무엇 하나 모르는 것 없이 다 아시고 다 깨치시어 삼천대천세계에 밝은 등불이 되신 부처님, 삼계의 스승이 되고 사생의 아버지이시며 고금을 통하여 홀로 높으신 부처님, 32상에 80종호를 갖추시고 무량겁에 팔만 세행(細行)을 닦아 대각이 되신 부처님이시여.

저희들은 지금 거룩하신 부처님 앞에 두 손 모두어 경건한 마음으로 합장하고 섰나이다. 이 얼마나 다행하고 감사하며 장한 일인지 너무 감격에 넘쳐 희열의 눈물을 금치 못하나이다. 부처님 말씀에 사람 몸을 받기가 어렵고, 사람이 되었어도 불법을 만나기가 어렵다 하셨습니다. 다행히도 저희들은 사람의 몸을 받았고, 또 불법을 만나 서래선림에서 대승법문인 '금강경'을 들으며 동안거를 하게 되었사오니 저희들의 감사한 심정을 무어라 형언할지 모르겠나이다.

부처님, 저희들이 지금 이 자리에서 부처님의 얼굴만 한 번 우러러보아도 과거 무량겁을 두고 쌓아 온 산더미 같은 죄업이 일시에 녹아 없어질 듯하옵니다. 부처님이시여, 과거에 지은 무시무시한 죄는 모두 더러운 마음에서 생긴 것이고, 지금 과거의 잘못을 깨닫고 참회함은 깨끗한 마음에서 생긴 것임을 아옵니다. 더러운 마음이란 어둡고 악한 마음이며, 깨끗한 마음이란 바르고 선한 마음입니다. 더러운 마음이란 남을 헐뜯고 해치고 시새우고 이간질하고 욕하고 탐내고 성내고 미워하고 아첨하고 거만하고 독하고 어리석고 시끄럽고 굽은 마음이요, 깨끗한 마음이란 어질고 착하고 너그럽고 밝고 겸손하고 부드럽고 덕스럽고 인내하고 화평하고 고요한 마음인 줄 아옵니다.

깨끗한 마음은 우리에게 본래부터 있는 부처의 마음이자 미래에 부처가 될 종자의 마음이며, 더러운 마음은 이와 반대로 무량겁을 내려가면서 무명의 종자가 되는 마음입니다. 지금도 이 마음이 두터운 업장이 되어 여래의 대원각해에 들지 못하고 잘못하면 무서운 삼악도에 빠져 영겁을 두고 생사고해에 윤회하는 줄로 아옵니다.

대자비하신 부처님, 이 더러운 마음을 어떻게 해야 멸하며, 또 더러운 마음은 무엇이 근본이 되어 생기나이까? 부처님 말씀에 의하면 "일체 중생이 무시로 내려오면서 은애(恩愛)와 탐욕 때문에 생사의 바다에 윤회 한다" 하시고, 또 "이로 인하여 미워하고 사랑하는 마음을 일으켜 다시 지옥·아귀·축생에 떨어진다" 하시고, 또 말씀하시기를 "일체 중생은 내가 아닌 거짓 나, 허망한 나를 망령되이 실다운 나로 알고 이 거짓 나에게 집착하여 아상

(我相)·인상(人相)·중생상(衆生相)·수자상(壽者相) 네 가지 전도 때문에 업을 지어 생사해에 벗어나지 못하는 것이니 4상을 없애지 못하면 보살도를 성취하지 못한다" 하셨나이다. 어떻게 해야 모든 악업의 근본이자 윤회의 근본인 아상을 끊으오리까?

'나'라는 생각, 나를 사랑하는 마음, 과연 이 나라는 애착 때문에 갖가지 악업을 짓고 윤회하는 줄을 알고, 아집 때문에 부처님의 무상대도를 이루지 못하는 줄을 알면서도 쇠심줄 같은 애욕과 무명 때문에 이것들을 일시에 없애기가 어렵습니다. 그러나 가장 놓기 어려운 나를 놓아버리면 그 얼마나 편안하리까.

아(我)가 공(空)하면 밉고 고운 놈이 없고, 욕하고 원망하는 놈이 없고, 법(法)과 비법(非法), 천당과 지옥, 부처와 중생, 번뇌와 보리가 없을 것이옵니다.

이것이 부처님의 무상대열반이 아니오리까. 이것이 생사를 초탈하여 걸림 없는 부처님의 청정각해가 아니오리까. 이것이 삼세제불이 증득한 심심미묘한 아뇩보리가 아니오리까. 이것이 아미타불이 48대원으로 성취한 구경열반의 극락정토가 아니오리까. 이것이 관세음보살이 32응신과 천수천안을 나투어 불속에 들고 물속에 빠진 불쌍한 중생들을 건지신 무애자재의 교화법이 아니오리까. 이것이 지장보살이 지옥문 앞에서 눈물 거둘 날 없이 한 중생이라도 지옥에 남아 있는 날까지는 맹세코 성불을 않겠노라 하신 대비불사가 아니오리까. 이것이 과거 무량아승지겁 백천만억 나유타(那由陀) 모든 부처님들이 증득하신 비밀장(秘密藏) 다라니가 아니오리까. 이것이 시방세계 모든 불보살들과 조사들과 천하 선지식들의 수행하신 길이 아니오리까. 이것이 또한 서래선

림에서 동안거를 성취한 저희들의 수행할 길이 아니면 무엇이겠
나이까.

　부처님, 저희들은 맹세코 발원하옵니다. 이 몸이 죽기 한하고
닦고 끊어 애욕과 윤회의 근본인 아상을 끊겠나이다. 백천 번뇌
의 근본인 아상을 멸하겠나이다. 일체 업의 종자가 되는 아상을
단멸하고 결정코 청정대원각을 성취하겠나이다. 결정코 보리과를
증득하겠나이다. 결정코 여래대적멸해에 들겠나이다. 그러기 위
하여 깨끗한 마음을 더럽히지 않겠나이다.
　대자대비하신 부처님이시여. 이 대중을 연민히 여기시와 호념
하여 주시옵소서. 이 몸을 이생에 제도 못하면 다시 어느 생을
기다려 제도하오리까.
　나무석가모니불, 나무석가모니불,
　나무시아본사교주 석가모니불.

〈1962. 동안거 서래선림 대중 일동〉

대중들을 위해서

원하옵건대 지금 여기에 모인 대중들은
우러러 시방삼세의 부처님께 사뢰옵나이다.
자비를 드리워 증명을 지어
부처의 해는 빛을 더하고
법의 수레바퀴는 구르게 하옵소서.

법의 수레바퀴는 다함이 없어 항상 구르고
국토의 경계는 만세가 지나도록 항상 편안하게 하옵소서.
무명 업장은 모두 소멸하고
광명 지혜는 나날이 자라게 하옵소서.

능히 일체 중생의 고통을 제거하고
무진 불국토를 장엄케 하옵소서.
하나의 등의 빛 속에 천만의 등이요
천만의 등이 하나의 등빛이 되어
필경 부처와 중생이 없으니
이와 같은 대원을 성취하게 하옵소서.

특별정진 하면서 (一)

서래선림 특별정진회 대중은 엎드려 시방삼세 불보살님 앞에
비옵나이다. 저희들이 다생겁래로 내려오면서 몸으로 입으로 뜻
으로 지은 죄가 쌓이고 쌓여 산더미 같은 업장을 이루었나이다.
백천만억의 죄업이 모두 십악(十惡)에서 기인하였음을 깨닫고 이
번 7일 참회기도에서 청정일념(淸淨一念)으로 녹여 다하고자 하
옵나이다.

죄 또한 자성(自性) 없이 마음에서 생긴 것이라 마음만 멸하
면 죄도 멸한다 하였사오니 심두(心頭)만 멸각하면 청정일념이
될 줄로 생각하옵니다. '금강경'에도 한 생각 깨끗한 믿음을 낸
자는 여래께서 다 알고 다 보시며, 이 모든 중생들은 무량한 복

덕을 얻는다 하셨으니, 이 깨끗한 믿음이란 청정한 한 생각을 말씀하신 것이며, 청정일념이란 저희들이 본래 가진 무루(無漏)의 본서이고 천진한 면목이며 진아(眞我)인가 하옵나이다. 이런 줄 알면서도 천 사량 만 사량의 번뇌망상이 꼬리를 물고 일었다 꺼지며, 그렇지 않으면 혼침(昏沈)이나 무기(無記)에 빠져서 하루 낮 하루 밤에도 만사만생하는 생사고해에 윤회하게 되니 이 어찌 불쌍한 일이 아니오리까. 생각하면 분해서 통곡할 일이옵니다. 중생과 부처가 한 생각 차이요, 미혹과 깨달음이 일념 여하에 있다 하였거늘 어찌 저희들은 청정일념이 못되고 삼계고해에 윤회하기만 하옵니까. 생각컨대 무량겁래로 업장이 두터운 까닭인가 하옵니다.

이런 여러 가지 업은 십악에서 기인하고 십악은 모든 은애(恩愛)에서 기인하였음을 압니다. 부모나 부부의 은애에 걸리고, 자손의 애정에 걸리고, 살림의 애착에 걸려 할 일을 못하고, 해서는 안 되는 일을 하여 이와 같은 전도몽상(顚倒夢想)을 매일같이 되풀이해 왔습니다. 이 어찌 지혜로운 자가 할 일이며, 뜻이 있는 사람이 심상(尋常)히 두어 둘 일이오리까. 자비하고 거룩하신 불보살님이시여, 불쌍하고 못생긴 저희들을 내려 굽어보시고 증명하여 주시옵소서.

저희들 정진대중의 이번 기도는 복이나 빌고 수명장수나 바라는 보통 세속의 기도와는 달리, 지난 여러 생의 무량한 죄업을 소멸하여 본래 청정한 자기의 천진자성을 보기 위함이오니 이번 삼칠일 참회기도 하는 동안 청정일념이 되게 하여 주시옵소서. 일념만년(一念萬年)이 되게 하여 주시옵소서. 그리하여 이번 특별정진 중에 은산철벽(銀山鐵壁)을 부수고 조사관문(祖師關門)을 통과하여 기필코 생사고해를 초탈할 것을 깊이 맹세하고 발원하옵나이다.

〈무신 至月 서래선림 특별정진 대중 일동〉

특별정진 하면서 (二)

일체 중생의 괴로움을 건져주시고 일체중생에게 즐거움을 주시는 대자대비하신 불보살님 전에 엎드려 원하옵나니 통촉하시옵소서. 저희 전등회가 창립된 이래 이제 열여섯 번째 특별정진회를 열게 되었으며, 계절로는 세 번째 가을을 맞게 되었습니다.

들에는 벼이삭이 고개를 숙이고 산에는 백과가 무르익고 있습니다. 이제 저희들에게도 보리의 열매가 원만히 성숙되어 큰 수확이 있기를 원하옵나이다. 대자비하옵신 불보살님이시여, 저희 불자들이 원한 바는 언제고 마음의 등불을 밝히는데 있습니다. 내 마음이 밝으면 천지가 밝고 내 마음이 어두우면 산하대지가 어두우며 내 마음이 밝으면 불국토가 거기에 있고 내 마음이 어두우면 팔만지옥이 거기에 있는 줄을 아옵니다.

태양이 아무리 밝다 해도 비치지 못하는 곳이 있지만, 마음은 한 번 밝으면 천상천하 아무데고 안 비치는 곳이 없는 줄로 믿습니다. 저희들 불자에게 가장 시급한 것이 마음의 등불을 밝히는 일이요, 저희들 불자가 전세계 인류에게 전해줄 것도 마음의 등불이옵니다. 이 등불이 없는 곳에 불안과 공포와 구속과 살벌이 있고, 이 등불이 밝은 곳에 안정과 평화와 자유와 희열이 있을 것을 의심하지 않습니다.

이제 71년도 중반기에 들어서자 세계열강에서는 새로운 움직임을 보이고 있습니다. 닉슨이 중공 방문을 약속하자 국제정세는 일변하여 민주진영과 공산진영의 모든 국가들이 다투어 문호를 개방하고 서로 친선과 협상을 도모하는 등 평화가 불시에 이룩되는 것 같아 보입니다. 그리고 국내에서는 남북이 두절된 지 20여 년 만에 이산가족찾기운동이 두 개의 적십자사를 통해 활발히 전개되고 있습니다. 세계열강과 국내에서 일어나는 모든 문제들이 명실공히 인류사회의 복지향상과 세계평화를 위하는 근본 불심에서라면 얼마나 흐뭇하고 믿음직한 일이겠습니까. 그러나 이해득실을 근본으로 삼는 정치적 타산에서 시도하는 한낱 구두선(口頭禪)에 그치고 현양매구(懸羊賣狗)의 선전책에 불과할 것이라 의심하지 않을 수 없습니다.

저희 불자들은 세계평화를 건설하기 위해서는 모든 이에게 불심을 심어주는 것이 현 시점에서 당면해 있는 선결과제라고 생각합니다. 정치·경제·종교·문화 모든 분야에 있어서 가장 시급한 것은 인생 본연의 근본문제를 환기시키는 것입니다. 이를 위해서는 전등회원 모두가 총진군하여 인아상(人我相)이 없는 청정불심을 심어주어야 복지사회가 건설될 것이며, 계급이 없는 평등불심을 심어주어야 사해일가(四海一家)의 평화세계가 건설될 것이며, 친소와 증애가 없는 자비불심을 심어주어야 전세계가 극락정토로 화현될 것이옵니다.

그러므로 부처님의 등불을 이어받은 저희들의 책임이 중차대함을 새삼 깨닫습니다. 길을 잃고 칠야삼경 암흑 속에서 헤매는 모든 중생들은 부처님의 등불을 기다리고 있습니다. 이 등불은 전등회 정진대중인 우리들이 먼저 찾아서 깨닫고 전해야 할 것입니다. 그럼에도 불구하고 무시이래로 내려오면서 쌓인 습기(習氣) 때문에 게으름과 방황과 실망과 탐욕과 분노와 자만과 질투 등 무시 업장에 얽히고설킨 저희들은 버려야 할 것을 버리지 못하고 끊을 것을 끊지 못하고 고칠 것을 고치지 못하고 어제도 오늘도 이러하니 어느 때나 내게 본래 갖추어 있는 청정불심을 발견하올지 모르겠습니다. 견성이 다른 것이 아니라 내게 있는 불심을 보는 것이며, 성불이 다른 것이 아니라 내 자신을 완성하는 것입니다. 이런 점을 알면서도 견성하지 못하고 성불하지 못하는 어리석고 가엾은 저희들을 불쌍히 여기시와 대자대비하신 마음으로 가피를 주시옵소서.

다행히 불문에 귀의한 저희들이오니 이 몸을 부수어 억겁에 공양을 올린들 그 깊고 넓으신 은혜 보답할 길이 있사오리까. 천재일우로 만난 이번 정진 기회를 어찌 일 분, 일 초인들 흥뚱망뚱 보내오리까. 한 생각이 만년 가도록 처음부터 끝까지 일관되게 정진하여 기어코 성취하고야 말겠사오니 시방삼세 제불, 제보살님께옵서는 증명하여 주시옵소서.

〈1971. 10. 16차 특별정진회 대중 일동〉

선서발원문(宣誓發願文)

 이제 저희들 용맹정진 대중은 일체 삼보와 무량현성 앞에서 분향하고 선서 발원하옵나이다.

 이제 저희들은 금년 구순(九旬) 안거에 반살림을 보냈으나 앞으로 납월(臘月) 팔일 부처님 성도일도 7일밖에 안 남았고, 납월 30일도 곧 박두하게 되었습니다. 그러나 저희들은 이제까지 발디디고 설 곳을 얻지 못하고 어제 하루, 오늘 하루 이렇게 반살림도 보냈습니다. 어찌 반살림 뿐이오리까. 한 해, 두 해, 십 년, 이십 년, 삼십 년, 사십 년 이렇게 보내 터럭은 희어가고 얼굴에 주름살은 잡히고 갈 길은 바짝 가까워졌습니다. 이러다가는 마지막 닥쳐오는 납월 30일에 무엇이 잡아가는지도 모르게 결박되어 끌려가고 말 것이 분명하옵니다.

 대자대비하신 불보살이시여, 그리고 일체 현성이시여, 이를 어찌하면 좋으리까? 이 불쌍한 저희들을 건져 지옥고를 면케 하여 주시옵소서. 윤회하는 생사바다에서 초탈케 하여 주시옵소서.

 부처님이시여, 이것이 누구의 허물이오리까. 생각하면 이것이 저희들 스스로가 지은 죄인가 하옵니다. 제가 지은 업은 제가 벗어야 하는 것임을 모르고 부질없이 불보살 전에 하소연한 것이 너무도 부끄러워집니다. 이에 저희들은 크게 결심한 바 있습니다. 이번 성도재를 앞두고 이 시간부터 7일 용맹정진을 시작하옵니다. 이번 싸움에는 기어코 생사를 결단하고야 말겠습니다.

 부처님, 저희들은 어리석고 못나고 구차한 삶을 원치 않습니다. 깨끗하고 빛나고 참다운 진리를 구하다가 만약에 얻지 못하면 그 자리에서 쓰러져 숨질 것을 맹세하옵니다. 보아주십시오. 저희들 비록 못났으나마 불자들이오니 어찌 삼보 전에 향을 꽂고 촛불을 밝히고서 거짓말을 하오리까. 부처님이시여, 증명하시옵소서.

향엄(香嚴)은 대 튀는 소리에, 영운(靈雲)은 복숭아꽃을 보고, 장경(長慶)은 발(簾)을 걷다가, 대매(大梅)는 즉심시불(卽心是佛) 한 마디에, 육조(六祖)는 머무르는 바 없이 마음을 내라는 일구(一句)에, 원효(元曉)는 두개골에 고인 물을 마시고서, 경허(鏡虛)는 코 없는 소라는 말을 듣고 각각 인연을 얻어 갔거늘, 똑같은 불성을 가진 저희들이 어찌 그들에게 미치지 못하겠나이까. 모두 신심이 부족하기 때문이지 불성에 우열이 있는 것이 아님을 확신하옵니다. 우리에게도 만일 혜가대사가 달마대사에게 법을 빌기 위해 팔을 끊어 올렸던 신심과 선재(善財) 동자가 53선지식을 친견하기 위해 120성을 넘던 신심만 있으면 백천겁을 쌓은 업장이라도 한 생각에 홍로일점설(紅爐一點雪)이 되고 말 것입니다. 어찌 망상이나 수마(睡魔)니 하는 잠꼬대 소리나 하겠습니까.

때는 고금이 다를지언정 사람이야 어찌 예와 이제가 다르오리까. 고인의 시에도 "뼈에 사무치는 추위가 아니면 어찌 매화 향내 코를 찌르랴"하였습니다. 대사일번(大事一番), 이번 용맹전진에 결정코 성도할 것을 불보살님과 모든 현성 전에 선서 발원하옵니다.

〈불기 2510년 성도재일 가야산 보덕사(報德寺) 선원〉

참회 발원문

3계의 스승이시고 4생의 아버지이신 부처님 전에 저희들은 전신심(身心)을 바쳐 기도를 모시고자 합니다. 지금 모시려고 하는 기도는 복과 명을 빌던 전날의 기도와는 달리 무량겁을 내려오면서 저희들이 지은 죄를 소멸하기 위한 것입니다.

부처님, 저희들은 죄를 많이 지었습니다. 몸으로는 살생과 도둑질과 사음하는 죄를 짓고, 입으로는 거짓말하고 꾸며대고 이간질하고 욕설하는 죄를 짓고, 마음으로는 욕심을 내고 걸핏하면 얼굴을 붉히며 화를 내고 어리석은 마음을 내서 남을 시새우고 업신여기고 난 체하였습니다. 이리하여 부모형제를 속이고 남편과 아내를 속이고 사회와 민중을 속이고 살아왔습니다. 전부 거짓 살아서 태산보다 더 크게 쌓인 저희들 죄가 무섭습니다. 저희들이 지은 죄는 당연히 현세에서도 받고 내세에 가서도 틀림없이 받을 것이라고 믿고 있습니다. 지옥은 말로만 듣고 직접 눈으로 보지는 않았으므로 모르거니와 현재 모든 고를 받는 축생이라든지, 같은 사람이지만 불구의 몸이 된다든지, 남들에게 미움을 당한다든지 유달리 고통과 재난 속에서 일생을 헤매는 사람들이 있음을 볼 때 이 모두가 과거에 지은 죄의 과보임을 잘 알고 있나이다. 이런 사실을 알수록 저희 자신의 업장이 두터움을 깨닫고 어떻게 해야 이 무서운 죄를 소멸할까 하는 생각이 더욱 간절해집니다.

부처님 말씀에 백겁에 쌓인 죄를 일념에 녹인다 하였사오니 일념이란 어떤 생각일까요. 부처님이시여, 저희들이 지은 죄를 이번 기도에 녹여 주시옵소서. 저희들은 이렇게 생각하옵니다. 한 생각이란 너와 내가 없는 마음, 옳고 그름이 없는 마음, 높고 낮음이 없는 마음, 밉고 어여쁨이 없는 마음, 깨끗하고 더러움이 없는 마음, 친하고 성글음이 없는 마음, 지혜로움과 어리석음이 없는 마음, 성인과 범부, 부처와 중생이 하나인 사실을 깨달은 한 생각일 것입니다.

부처님, 저희들은 이 한 생각을 알기 위하여 이 한 생각이 되기 위하여 이 기도를 모시오니 깨끗한 일념이 되기까지 성취하여 주시옵소서.

〈병신년 4. 3. 지장암 참회기도 대중 일동〉

불명(佛名)과 법호(法號)

네가 인연 따라 갖가지 이름과 호를 지어 주었는데 이것은 계·정·혜(戒·定·慧) 3학을 익히는 방법이요 결과이다.

계는 부처님의 윤리 도덕 정신이요, 정은 마음수행의 결과이며, 혜는 옳고 그름을 판단하는 지혜이다.

머리 깎고 먹물옷 입고 가사를 걸치고 스님이 된다는 것은 일반 사람과는 달리 세상의 표본이 되는 불·법·승 3보에 귀의하여 중생을 이롭게 하는 계 지킬 것을 맹세한 표시이고, 선정을 닦아 마음이 평온하면 32상 80종호, 즉 부처님의 상호를 닮아 인격이 아름답게 되는 것이며, 옳고 그름을 판단하여 선악을 구분할 줄 알면 명자 그대로 인간과 천상의 스승이 되어 세상의 어리석음을 없애는 촉진제가 되기 때문이다.

그러므로 한 사람이 출가하면 9족이 천당에 태어난다 하였고, 한 사람이 성불하면 만인이 해탈한다 하였다.

세상 사람에게는 살·도·음·망(殺·盜·婬·妄)의 계가 있고, 출가 보살에게는 10중 48계가 있으니 자기 인격을 완성하는 것도 중요하지만 인격을 완성한 뒤 세상을 어떻게 이롭게 할 것인가는 더욱 중요하기 때문에 보살에게는 더 많은 계가 주어지는 것이다.

부모 자식지간과 스승 제자지간은 천만 겁 인연이요, 형제 자매지간은 9천생 인연이며, 부부지간은 8천생 인연이므로 여기 중하고 가벼움의 차이가 있듯이 공부인에게는 정진의 차별이 있고, 수도인에게는 깊고 얕음의 차이가 있다.

그러나 불자는 어느 곳에 처하든지 탐내고 성내고 어리석은 짓 하지 않아야 하고 거만하고 의심하는 일이 없어야 한다.

그래서 오늘 계를 받는 사람에 대해서도 흔들림 없는 마음, 물들지 않는 마음으로 정진하라고 각기 이름을 하나씩 지어준다.

산처럼 한가하게 살라고 거산(居山)
반야의 지혜가 빛나라고 지엽(知燁)
시심마를 깨달으라고 연각(然覺)
하늘 땅·산·물처럼 깨끗하게 살으라고 정심(淨心)
무명의 어두움을 밝히라고 지월(智月)
인연을 깨달으라고 이뭣고(是甚麼)
잣나무의 설법을 들으라고 백수자(栢樹子)
구멍 없는 피리를 부르라고 무공저(無孔笛)
죄와 복을 깨달으라고 운산(雲山)
빈산에 아름답게 핀 꽃을 찬양하여 화산(華山)
아침 산의 구름처럼 걸림없이 살으라고 조산(朝山)
가나오나 장벽없이 살으라고 무애거사(無碍居士)라 이름지었다.

특히 거사들은 안팎살림에 정성이 깃들어야 하므로

새벽별을 보고 성불하듯이 하라고 효성(曉星)
취하고 버리는 것에 끄달리지 말라고 무하(無何)

물처럼 산처럼 살라고 수산(水山)

보배처럼 살라고 보산(寶山)

산처럼 갖가지 덕을 갖추라고 학산(學山)

만겁부동의 뜻으로 정산(定山)

지로만 가지 말고 돌아갈 줄도 알라고 지산(之山)

천산만산이 오직 한 산이므로 일산(一山)

제세안민하라고 세민(世民)

법답게 살라고 법산(法山)

상하전후를 잘 살펴 살라고 중산(中山)

환을 깨달으라고 지환(知幻)

천봉만학이 안개 속에 존재하므로 동산(冬山)

산처럼 의젓하게 살라고 의산(依山)

빈 밭처럼 살라고 공전(空田)

새벽종처럼 천지를 깨치라고 효종(曉鐘)

천강에 비친 달처럼 살라고 인월(印月)

저녁 종소리처럼 세상을 깨우치라고 만종(晚種)

돌샘처럼 솟아오르라고 석천(石泉)

허공처럼 빈 마음으로 살라고 여공(如空)

고요히 만상을 비추어 보라고 묵조(黙照)

가고 오는 것을 분명히 알라고 여하(如何)

산속의 종처럼 은은하게 살라고 종산(鍾山)

차 다리는 마음으로 살라고 다심(茶心)

윤회 속에서 아름다운 불음을 전하라고 노산(老山)

본래부터 적멸한 것을 깨달으라고 혜성(慧醒)

바다처럼 산처럼 살라고 해공(解空)

생사를 다 쉬라고 대휴(大休)

어머니처럼 살라고 모산(母山)

천강만호에 뜬 달처럼 빛나라고 해인(海印)

산자수명월자명(山紫水明月自明)이 되라고 청산(靑山)

참되고 한결같이 살의라 여여(如如)

흰구름처럼 걸림없이 살라고 백운(白雲)

잘 참고 이겨내라고 인당(忍堂)이라 지었으니 천지·자연·국가·민족·부모·자식들의 은혜를 알고 은혜를 갚기 바란다.

또 이렇게 하여 문리대생·농과대학생·상대학생들과 간호학인들께 지예(知禮)·소공(素空)·소정(小井)·지공(指空)·증공(證空)·법농(法農)·태허(太虛)·동초(東草)·천진(天眞)·고당(古堂)·여공(如空)·여련(如蓮)·반야(般若)·해산(海山)·여연(如然)·청심(淸心)·청신(淸信)·자산(慈山)·천심(天心)·동원(東園)·성진(性眞)·수산(首山)·휴암(休庵)·무공(無空)·무문(無門)·송월(松月)·지심(知心)·월당(月堂)·일당(日堂)·후암(後岩)·인산(忍山)·무진(無眞)·각진(覺眞)·동훈(東勳)이라 하였다.

또 보살들은

생사의 바다를 잘 건너가라고 바라밀(波羅蜜)

불법의 꽃을 한없이 피우라고 무량화(無量華)

세상을 불쌍히 여기라고 대비심(大悲心)

중생을 사랑하라고 대자심(大慈心)

제자리에서 살라고 본연심(本然心)

얽매임 없이 살라고 해탈심(解脫心)

몽땅 그렇게 살라고 여시심(如是心)

진리의 수레바퀴를 굴리라고 법륜심(法輪心)

원만한 지혜를 갖추라고 지원심(智圓心)

차별 없이 살라고 평등심(平等心)

흔들림 없이 살라고 부동심(不動心)

분별심 내지 말고 살라고 무별시(無別心)

보현보살행을 잘하라고 보현심(普賢心)

진리의 왕자가 되라고 법왕자(法王子)

다이아몬드처럼 살라고 금강자(金剛子)

가고 올 것 없는 것을 깨달으라고 본래심(本來心)

천진한 마음으로 살라고 천진심(天眞心)

연꽃처럼 살라고 연심행(蓮心行)·연화심(蓮花心)

세상의 소리를 잘 듣고 살라고 관음행(觀音行)

안락한 마음으로 살라고 안락심(安樂心)

부처님 집에서 살라고 법왕궁(法王宮)

깨끗한 마음으로 살라고 청정심(淸淨心)

보름달처럼 살라고 월명심(月明心)·월면심(月面心)

도덕의 꽃을 피우라고 도덕화(道德華)

자비 무애심으로 살라고 자비심(自悲心)·무애심(無碍心)

사랑의 구름을 시원하게 펴라고 자운심(慈雲心)

돌부처 옥매화처럼 살라고 석불심(石佛心)·옥매심(玉梅心)

끝없는 다라니로 거울과 같은 마음을 닦으라고 다라니·경심
(鏡心)이라 지어준 것이다.

천연한 보리심이 어느 곳엔 없겠는가만은 그러한 이치를 잘못 알고 있는 사람들에겐 천연심·보리심·보은심·금정(金井)·대원심·대원각·원만심·무등행·백운심·대휴심·보리성·안심월·법해심·태고심·공덕심·나무불·여래심·백운심·명월심·만월심·정신행·정심행·불심행·일심행·자재심·청량심·자인행·여법행·여의주·원만각·근수행·법장심·기연심(其然心)·연심(蓮心)·복혜심·황금탑·여래장·진여성·일연심·대비심·인덕·명성심·대석심·성불심·황연심·염불심·삼학자·초산(樵山)·인허(印虛)·법전(法田)·용운선자(龍雲禪子) 등으로 이름과 호를 지어 그들의 불심을 더욱 북돋아 주었다.

그리고 부탁하였다.

불자야, 세상이 어두우니 등불을 켜라.
날아드는 나비를 구제하고
허망하게 빠져 죽는 중생들을 건져주기 위하여
귀를 기울여 소리를 듣고
눈을 뜨고 세상을 바라보라.
지금 이 시간 무엇이 필요한지를!
썩어서 낡아빠진 쓰레기 더미에서도
꽃은 피고 열매는 맺는다.
새는 하늘을 날고 고기는 물속에서 헤엄친다.

서 · 기 · 명(序 · 記 · 銘)

스님은 이 글의 서문에서 "농사짓고 어업하고 공업하고 사업하는 사람에겐 얻고 잃는 것이 있기 때문에 갖가지 감정이 일어나지만, 가난한 선비에겐 하는 일이 없기 때문에 언제나 빈한하여 맑은 바람, 밝은 달, 뜬 구름, 흐르는 물만을 사랑하고 살아간다."

하고, 또

"대상의 물건에는 모두 주인이 있기 때문에 취하고 버리는 것이 있으나, 뜬 구름, 흐르는 물, 바람, 달에는 주인이 없기 때문에 위하고 버릴 것이 없어 언제나 좋고, 사랑하여 무뢰의 즐거움을 느낀다." 하였다. 이렇게 스님은 쓸데없는 것을 쓰게 하고, 쓸 수 있는 것을 한없이 써가며 노래를 읊기도 하고 춤을 추기도 하고 시를 쓰기도 하며, 또 다른 사람들이 요청하면 거기에 맞추어 글도 지어주기도 하였다.

"강과 호수는 막으려는 생각이 없으나 사람이 막고 쓰면서 성인들이 사람을 속이는 것같이 느끼고,

병든 이가 지팡이를 의지하여 산과 물을 건너면 지팡이를 버리는 것같이 도 닦는 수좌는 화두를 의지하여 깨닫고 나서는 헌신짝 같이 화두를 버린다."

내장사 대웅전 상량기와, 남망산 불로사를 보고 거기에 기문을 적고 전화를 가설하고, 성불암 낙성식을 다음과 같이 기록하였다.

『내장산은 한국 8경의 하나로서 호남의 금강산이다. 웅장함은 묘향산에 비길만하고, 수려함은 금강산에 못지 않은 곳이다. 이 산 가운데 내장사라는 절이 있다.

옛날 영은선사가 백제 무왕 37년(서기 636)에 처음 창건한 사찰로서 50여 동의 큰 가람이었는데, '영은사'라 명명하여 선풍을 크게 선양하였다.

그 다음에는 행안선사가 고려 숙종 3년에 중창하였고, 또 희묵대사가 조선조 명종 2년에 수리하였으며, 또한 부용대사가 인조 17년에 개축하였고, 영담대사가 정종 3년에 개축하였다.

그리고는 근세에는 희유한 도인이신 학명선사가 단기 4257년 가을에 온 산을 개척하였다. 건물은 개축하거나 또는 신축하고, 반선반농의 청백한 가풍을 세워 살활(殺活)이 자재하게 종취를 크게 선양하여 사규를 일신하였다. 그리하여 수행하는 납자와 신도들이 도량에 구름같이 모여서 온 산중이 정토로 변하였다.

그 뒤 법자인 매곡선사가 단기 4271(1938)년에 대웅전과 명부전과 요사 등을 개축하였으나 불행하게도 6·25동란 때 온 산중이 잿더미가 되었다. 이는 '범소유상 개시허망'이라 하신 부처님의 말씀대로였다. 이에 이 절 수십 명의 문손들과 100여명의 신도들이 귀의할 처소를 잃어 험난한 길에 방황하면서 10년 가까이 지냈다.

이에 현 주지인 야은스님과 전 주지인 금파스님, 선덕 고벽화상 등이 크게 신심을 발하여 분연히 불사를 일으켰다. 이분들은 모두 학명선사의 법손들이다.

아! 성하면 무너지고 무너지면 성하는 것이 이 세상의 원리 아니던가. 그러나 성이 있고 괴가 있음이 옳은가, 성이 없고 괴가 없음이 옳은가? 성과 괴는 본래 헛된 것이지만 실상은 상주한다. 그런데 사람들은 다만 만들어지고 무너지는 것만 보고 상주하는 것은 보지 못하기 때문에 어떤 때는 괴로워하고 어떤 때는 즐거워하며, 어떤 때는 기뻐하고 어떤 때는 슬퍼한다.

묻노니 어떤 것이 상주하는 실상인가? 옛날에는 영은선사요 오늘에는 학명선사이며, 내일에도 또 있을 것이니, 아! 사람을 두고 이름만 달리한 것이로다. 이!』

〈1958. 해안 씀〉

남망산 불로사(南望山 不老寺)

『이름 없다 함은 한 생각 나지 않았을 때이고, 이름이 있다 함은 한 생각이 이미 생겨난 뒤이다. 한 생각이 홀연히 생김에 만상이 건립되니, 그러기에 하늘이 있고 땅이 있으며, 산이 있고 절이 있는 것이다.

산 이름을 '남망'이라 하고 절 이름을 '불로'라 한 뜻은 넷 가운데 하나이다. 동망은 만물이 처음 생겨남을 뜻하고, 남망은 만상이 생장함을 뜻하고, 서망은 만화가 성숙함을 뜻하고, 북망은 만과가 묘하게 갈무리됨을 뜻한다. 절이 남망산에 있기에 그 산의 이름을 표상하여 불로라고 하였다. 불로이기 때문에 불멸이고 불로이기 때문에 불생이다. 그런데 생이 있고 멸이 있는 것이 좋은가, 생도 없고 멸도 없는 것이 좋은가.

그렇지 않고 생이 있으면서도 생을 받지 않고, 멸이 있으면서도 멸을 받지 않는다면 만고에 다하도록 변함이 없고, 시방에 두루하여서는 없는 곳이 없다. 이것이 늙지 않고 병들지 않는 영원한 존재다. 그러니 이 산문에 들어오는 자는 불로영생할 것을 뉘라고 바라지 않겠는가.

이 절의 역사를 간추려보면, 을해년 시월에 송암 성열화상이 처음 창건하고서 절 이름을 신흥사라 하였다. 그 뒤 갑진년 중양절에 청파 지운화상이 완도에 사는 선남선녀 여러분의 성원을 받아 대웅전을 중창하고서 절 이름을 불로사로 개칭하였다.

이로부터 이 절에 오는 자나 거주하는 자가 모두 여래의 대원해에 들어와서 성취하지 못한 소원이 없고 다같이 보리를 증득하게 되었다.

이에 한 마디 하노라.

남망산에 구름이 걷히자
진주 같은 섬에 달이 떠오르네.

섬 안의 천만 가지 경치가
모두 다 보리의 길일세.』

〈1965. 3. 능가산인 해안〉

전화가설 송덕문(電話架設 頌德文)

『부처님께서 말씀하시기를, "사바세계의 중생들은 음성으로 교
화한다" 하였습니다. 그러기에 세존께서 이 사바세계에 강림하시
어 49년 동안 동쪽 서쪽으로 다니면서 촌락이나 도시에서 항하
의 모래 같은 장광설로 중생들을 널리 제도하였으니, 소위 팔만
사천법문이 그것이다.

오늘 청신사 김형수 선생께서 다천사의 청정도량에다 전화를
가설하여 법음을 장엄하였으니, 한 음성이 널리 삼천 대지에 떨
쳐서 멀고 가까운 거리가 한 집안같이 되었다. 한 집안에서 만방
이 서로 통하게 되었으니, 이것이 바로 불세계로서 말하는 자나
듣는 자가 모두 크게 기뻐한 것입니다.
서로 얼굴을 대하지 않고도 말을 하고, 말을 듣는 이것이 필경
에 무엇입니까?
게송을 한 글귀 읊습니다.

가장 좋구나. 소리 전의 한 마디
혀 없이 말을 하고 귀 없이 듣네.』

〈1971. 봄 다천사 전화가설불사 회향〉

축 성불암 낙성(祝成佛庵洛城)

『이 산에
전세(前世) 주인(主人)이 다시 와서
땅을 파고 돌을 심고 나무를 다듬어서
깨끗이 난야(蘭若)를 세움은
부처를 이루기 위함이니
선남자 선여인 모두 와서
합장하고 절을 하오.

백팔배에 전세(前世) 업장(業障) 녹아지고
일천배에 현세 죄업 소멸되고
만배 하면 한 생각 깨끗한 마음
부처와 조사의 스승이 된다오.

염불을 하면 입에서 연꽃이 피고
참선하면 무너지지 않는 몸을 얻고
경을 외우면 지혜의 눈이 밝히리니
선남자 선여인 모두 와서
하고 싶은 대로 하여 보시오.

믿음만 간절하면 소원을 이루리니
이것이 이 절 창건주의 원력 불사라오.』

〈2515. 12. 4. 능가산인 해안 송〉

명주보살 수연기

『가없이 둥글고 한없이 밝아
삼세(三世)에 빛나는 거룩한 이 구슬
이것은 보살(菩薩)의 보배이오며
우리 집의 유산(遺産)입니다.

해와 달 별들이 갖추어 있고
일만법(一萬法)이 이 속에서 만들어지는
하나밖에 없는 외로운 이 구슬
이것은 지존지귀(至尊至貴)의 보물입니다.

중생을 떠나서 부처가 없사오니
나를 버리고 남이 어이 있으며
남 없는 내가 어이 있으리
나도 남도 아닌 이 하나의 구슬
이것은 보살(菩薩)의 원각(圓覺)입니다.

시방(十方)을 두루 보는 가을물 그 눈이여,
대지(大地)를 고요히 녹이는 봄바람 그 입이여,
피는 꽃 지는 잎 예순 한 해에
온 대중의 환희(歡喜)와 비애(悲哀)와 고민(苦悶)
이것은 보살의 웃음이요 눈물입니다.
이것은 보살의 본원(本願)이요 대행(大行)입니다.

보살아
중생계가 다할 때까지
웃으며 울며 길이길이 수(壽)하소서.』

<1964. 10. 서래선림에서>

祝壽宴

無窮花

西來禪林 海眼

고적답사와 자연의 노래

스님은 틈나는대로 선조들의 얼을 찾아보기 위해서 옛 절들을 찾아보고, 또 자연의 아름다움을 만끽하는 여행을 즐겼다. 먼저 석굴암에 오른 흔적을 찾아본다.

석굴암(石窟庵)

『늦게 석굴암에 올라 묵묵히 관음보살께 예배하니
푸른 산도 뜻을 알고 옛 부처의 마음을 토했다.
석굴암에 앉아 있으니 한 생각이 만년,
불심을 설해주는 이 없지만 귀는 토함산에 기울이네.

오는 건 무엇이고 가는 것 무엇인가.
가고 옴이 없는 것만 못하네.
그대로 여래상을 보지 못하는가.
춘추에 관계 없는 부처님 모습을!

잠깐 부채를 부치다가 한 생각 읊으셨다.

서늘함이 종이에서 온 것도 아니고
대에서 생긴 것도 아니네.
문득 한 생각 일어날 때
맑은 바람 온 곳 없이 오네.

다음 남강에 이르러서도 한 말씀 하신다.』

진주 남강

『바다와 산을 의지하여 절을 지으니
석벽에 둘러싸여 하늘만 보이니
선풍(禪風) 동하지 않으니 흰구름은 자도
지혜의 빛속에 사방이 밝도다.

본래 툭 터졌는데 누가 부처를 찾는가.
실로 한 중생을 제도할 자 없다.
칡뿌리 솔잎으로 요기, 배속이 든든하니
강호에 청탁을 묻지 말라.

변함없는 푸르름은 하늘의 마음이고,
갈고 가꾸는 것은 사람의 마음,
하늘과 사람 한 데 하나니 웃어른 은혜가 바다와 같다.』

백마강 옥천사

『백마강 어귀에 옥천사라는 절이 있었는데,
거기 80노사가 외롭게 지내고 있었다.
섣달그믐 제석(除夕)하면서 분세어(分歲語)를 읊었으니
그 노래 또한 처량했다.

그림자 같은 한해 일어 티끌 되었네.
맞고 보내며 세상사람 얼마나 속였는고
한마음 진여도 실이 아니라 오히려 마군인데
모든 법이 그대로 부처님 몸이네.

물든 마음 비어 천강에 달이 뜨고
해가 오르니 만국이 봄이로다.
갑신년 가고 을유년 옴이 방해롭지 않으니
떡·과일·술·차로 세상을 배불리네.

오고 오는 날 속에 새해가 닥쳐오는데
가고 가는 밤은 견디기 어렵구나.
메마른 인정 고목같은데 불설은 본연 금과 같도다.

빈 누각 티끌 없으니 달빛 밝고
가난한 절에 손이 없으니 학도 오지 않는다.
장삼이사 도리어 일삼아 다시 자연을 축하하면서
찬 술 덥혀 마시네.

신사년 가고 임오년 알려오니
흰머리 점점 늘고 검은머리 적어진다.
40년 지내면서 무엇을 얻었는가.
유위 속에서 무위를 얻었구려.

옥천사 밝은 달은 오늘도 어제 같은데
백마강 흐르는 물은 가서 오지 않는다.
암자 부처님은 평생의 일이니
어찌하여 하산하여 시비를 가리지 않소.

40년 둘을 보태 80이 되었으니
다생 윤회에 얼마나 고통이 많겠소.
윤회의 흐름 속에서 윤회를 벗어나면
천상과 인간을 마음대로 오고 가니
백마강 예전대로 긴 들판 흐르네.
철새는 때를 알아 푸른산에 삽니다.
미강옹 이별한 뒤 생각만 간절하니
여름 안거를 함께 지내봅시다.』

또 뜰 앞의 고석을 보고 노래하였다.

뜰 앞의 고석(庭前古石)

『그대는 나를 좋아할 이 없지만 나는 그대를 좋아한다.
좋아하는 마음이 병인줄 알기에
나는 그대의 무심을 더욱 좋아한다.

나는 사람이고 그대는 돌,
그대는 무심이고 나는 유정,
사람과 돌이 무슨 분별이 있겠는가.
한 생각 일어나니 부끄러운 일이지.

석가 6년 달마 9년 흔들림 없는 면벽이
그대의 마음만 못해
봄바람 가을비 백천만겁을 지내도
그대 마음은 변치 않으리라.』

또 소나무 정자를 보고,

『큰 것은 기둥 들보, 작은 것은 석가래
노령산 구름은 처마 끝에 날리고
신촌강물은 하늘까지 닿았구나.

한 생각 일지 않았을 때 속이 편안하고
6진 없으니 마음 밭이 청정하다.
원근의 뛰어난 시인들 찾아와

주인공의 염정을 만년까지 가리라.

보배장소가 어디는 없으랴.
미련한 놈은 하늘 땅으로 찾고 다닌다.
시방삼세를 빠짐없이 찾아도 님 계신 곳은 따로 없나니
찾을 곳 없는 곳에 있는 줄 알면
보고 듣는 곳이 그대로 보소로다.』

　자, 이렇게 놓고 보니 내 마음이 그대로 부처라. 스님은 그것
을 시심시불(是心是佛)이라 표현하였다.

마음부처

『내 마음이 부처, 어딘들 안 계시리
천백억화신 내 님, 부처가 봄바람에 춤을 추네.
너도 부처 나도 부처, 전할 곳이 따로 없네.
전할 사람 따로 없고 전할 곳이 없다면
세상은 온통하나 부처의 세상일세.
눈 없어 보지 못하고 귀 없어 듣지 못하니
입 있다고 말할 것이며, 발 있다고 따로 갈 곳 있겠는가.
미련한 마음속에 한 생각만 뒤집으면
그곳이 부처세계 찾을 것도 없어라.

마음도 알고 보면 마음이 아니고,

부처도 깨닫고 보면 부처가 아니라네.
부치면 이름이요, 상상하면 그림이니
시심이 이부처요, 비심이면 비불이라.
정함 없는 마음속에 청·황·적·백 나타나니
주소 없는 마음이 걸림없는 부처로세.

크고 커서 밖이 없고 작고 작아 속이 없네.
길고 길어 끝이 없고 짧고 짧아 가운데 없이
모난 것은 뿔과 같고 둥근 것은 공과 같고
밝은 것은 해와 같고 많은 것은 푸른 하늘

바다는 마르면 밑이 보이지만 마음은 보아도 형상이 없네.
산에는 산 마음 물에는 물 마음 바늘 속에 허공을 꿰매고
겨자 속에 수미산이요 방울물이 바다로다.

강을 건넜으면 배를 버리고,
고기 잡았으면 통발이 필요없다.
달을 보았으면 손가락 놓아버리고
집에 돌아 왔으면 길을 묻지 마소.

병없는 사람에겐 약이 필요치 않나니
쓸데없는 사람에겐 장생도 필요없다.』

깨달음의 노래

스님은 오늘
고요한 달밤에 거문고 안고 오는 벗이나
단소를 손에 쥐고 오는 친구가 있다면
구태여 곡조를 듣지 않아도 좋다.

밝은 새벽 외로이 앉아 향 사루고
산창 너머로 스며드는 솔바람 있다면
구태여 불경을 아니 외워도 좋다.

늦봄 떨어지는 꽃을 조문하고
귀촉도 울음소리 듣는 사람이라면
구태여 시를 쓰지 않는 시인이라도 좋다.

아침 일찍 세수하고 화분을 적시며
난초 잎에 손질을 하는 사람이라면
구태여 그림을 그리는 화가가 아니라도 좋다.

구름을 찾다가 바람을 베개하고
바위에서 한가히 잠든 사람이라면

아예 도라는 속된 말을 쓰지 않아도 좋다.

저녁 석양길에 길가다가 온 사람 있다면
어디로 가는 나그네인가 인사하고
아예 가고 오는 세상 시름을 잊어버린다.

이것이 스님의 멋진 사람의 생활이다.

님으로 인하여 괴로운 사람
행여나 잊어볼까 오늘도 어제처럼 먼 산을 바라보다가
산봉우리에서 님을 발견하면 산봉우리가 그대로 님의 얼굴

속상한 마음 잊어보려 굽이굽이 흐르는 물속에서
님의 소리 듣는 자는 그것이 바로 님의 소리.

잊으려는 마음 병인 줄 알면서도 잊지 못하는 그 마음
불멸의 탑이 되어 내 앞에 우뚝서네.

피차 떨어지지 못하는 마음, 거기서 마음 생기지만
찾으면 없고, 없는 가운데 또 있으니
나 홀로 간직한 님의 마음, 그 마음이 곧 불멸의 마음이네.

그래서 스님은 때로 빛나는 금관보다도
반짝거리는 보석 목걸이보다도
무엇으로도 바꿀 수 없는 사랑보다도

빛도 모양도 없는 타고 남은 재까지도 날려버리고
오직 깜박이는 눈빛만 보여주고 있었다.

높고 높은 산마루에 외로이 홀로 서
깊고 깊은 바다 밑을 홀로 걸으며
나무 하나 없는 산, 물결 하나 일지 않는 바다를 바라보며
그림자 없는 별빛 속에서 그림자 없는 님의 편지를
홀로 읽고 있었다.

이것이라 해도 거짓, 저것이라 해도 거짓,
부처님은 이것 속에서 저 별빛을 보고 깨달았으니
그때가 바로 12월 8일 성도재일.

깨쳤다 해도 알 수 없고 전했다 해도 받은 것 없는
그래도 성자는 가섭에게 전했고, 가섭은 석가에게 받았으니
이것이 우주공간의 평등한 빛이요, 영원한 생명이다.

이것은 희고 검은 것도 아니고 누르고 푸른 것도 아니고
크고 작은 것도 아니고 있는 것도 없는 것도 아니니
나는 이것을 들어 그대들에게 주노니
손없는 손으로 고이 간직하여 후손들에게 전하라.

스님은 이렇게 정진하며 천하를 주유하였다.

나라 위해서 백성 위해서 까마득한 적벽에서
뒤도 돌아보지 않고 나뭇가지도 붙들지 않고
살려고 발버둥치지 않고
허공가운데서 여름 겨울을 지냈다.

새벽 목탁소리에 맞추어 일어나 종소리 듣고 예배하고
죽비소리에 입적했다가 또 죽비소리 따라 돌고
또 죽비소리 나면 방선하여 가벼운 운동도 하였다.

한 호흡에 삼세제불을 들여마시고 내쉴 때는 8만4천보살,
밥 먹고 차 마시는 것도 힘을 따라 하고,
청법 수면시도 꼭같이 하여
비바람 불고 문풍지 울려도 행주좌와 어묵동정에
그 얼굴 잊어 보는 날 없었다네.

얼굴도 못보고 이름도 못 들으면서도
흰 구름 속에서 차를 마시네.
그럴 때는 자신도 모르는 사이에 눈물을 흘리며
미소 짓기도 하고
노도하는 폭풍 속에서 봄동산의 이슬을 맞기도 하였다네.

아득한 세월 장님들 속에서
미소 짓던 가섭존자를 생각하면서
스님은 그 속에서 석가부처님의 숨소리와 눈물을 보았다네.

삼각산에 가서는 만호 장안을 보고
승가사에 이르러서는 둥근 달과 별을 보았다.
누구와도 언약한 바 없는데 괜히 종일토록 기다리다가
돌아온 새를 보고 저문 해를 알았네.

창 앞의 한 그루 소나무 잎과 가지 천만이나 되는데
때때로 맑은 바람 지나고 나면 밤비 소리도 겸하여 듣네.
옛 절 밤은 차고 고요하여 외로운 등불만 깜박깜박
깊은 산 세상과는 먼데 옛 친구 생각은 배나 더 나네.

도심이 별맛 없어 때로 다락에 올라
돌아가는 구름과 흐르는 물소리 듣네.
삼각산 층층봉 묘한 돌도 많아
때로 부처·보살·신선도 헤일 수 없네.

도계사원에 가서는 도계서 전계와 충효를 보고
흐르는 물속에서 서생들의 글소리를 들었는데
허물어진 집 다시 고치고 손님 맞을 준비하는 것을 보니
세상일은 흥망성쇠 속에서
역사를 써가고 있는 것을 알았다네.

진달래꽃 피는 봄에 집을 나와서
단풍잎 아름다운 가을에 돌아오니
봄에 심은 금잔디가 세간을 덮고
찢어진 파초는 하늘을 찌르는데

우산 같은 연잎은 연못을 덮고 있네.

여름에 더위에 병으로 시달린 나를
힘없이 여읜 손에 가위를 들고
장미와 칠보화 손질하다가
푸르고 높은 하늘 한없이 바라보네.

치병법어(治病法語)

병있는 사람 다스리는 법

어떤 것이 병인가!
앓는 것도 병이요 건강한 것도 병이다.
괴로운 것도 병이고 즐거운 것도 병이다.
늙은 것도 병이고 젊은 것도 병이다.
어리석은 것도 병이고 밝은 것도 병이다.

적은 사람은 적은 것이 병, 많은 사람은 많은 것이 병,
작은 것은 작은 것이 병, 큰 것은 큰 것이 병,
길면 길어서 병, 짧으면 짧아서 병,
둥글고 모나고, 취하고 버리고, 있고 없고,
알고 모르고 이 세상 모든 것이 병 아닌 것이 없다.

그러면 왜 이렇게 많은 병이 생겼는가.
나도 모르기 때문이다.
없는 것을 고집하다 보니
나 속에서 네가 나오고 너 속에서 내가 나와
둘이 서로 용납하지 아니하니 세상이 온통 병 덩어리

그러니 그런 줄 알았으면 과거의 무지를 향해 합장하고
미래의 세상을 향해서 합장하고 현재를 뉘우쳐
천하만물을 스승으로 섬겨라.

세상에 본래부터 결정된 법이 없다.
아버지가 있으니 자식이 있고 자식이 있으니 부모가 있다.
아내가 있으니 남편이 있고 남편 없으면 금방 과부가 된다.

아들이 커서 아버지가 되고 딸이 커서 어머니가 되니
세상은 돌고 돌아 끝도 갓도 없구나.
고로 고인이 세상의 이치를 알려면
부두 남쪽을 향해 보라 한 것이다.

머리에 이고 등에 지고 손에 들고 발로 밀고
눈으로 지키고 않고 서서 가고 오고 싸우고 말하고
웃고 울고 먹고 마시고 사고 팔고 쫓고 쫓기고

이것이 모두 누구의 조화인가.
하나의 생각이 만 가지 세계를 만들어 내나니
부사의 해탈이요 여래장비밀이다.

마치 기둥·들보·도리·중방·추녀·연자·주춧돌 가져다가
한데 이끌어 집 한 채를 짓듯이 남섬부주 사바세계가
모두 그렇게 하여 만들어졌다.

그러니 긴 놈은 긴데 쓰고 짧은 놈은 짧은데 쓰고
크고 작고 넓고 좁음을 알아 자르고 깎고 쪼개고 다듬어
집 한 채를 만들듯이 소용대로 살아가라.

정화수 떠서 받쳐 올리고 향하나 사루어 바로 꽂아라.
남자는 일찍 일어나 대문 열고 마땅 쓸고
여자는 늦게까지 밤길을 잘 지키면
꽃감집 되어 천신도 부러워한다.

떡가루처럼 꼼꼼히 쳐서 두캐 세캐
둥근 시루에 축축히 찌고
구정물 먹은 돼지처럼 건강하게 잘 자라서
도둑맞지 않고 잘 살도록 두 손 모아 기도하라.

하루 이틀 용맹정진 설할 것 없는 법을 설하고
들을 것 없는 법을 들어 가나 오나 잘만 쓰면
날만 새면 비와 이슬, 해만 뜨면 바람 공기,
염불소리에 맞추어 끝없는 생명을 베풀어준다.

산은 높아야 하고 물은 낮아야 하고
바람은 순조로와야 하고 비는 고루 내려야 하나니
짧은 오리다리 학다리에 붙이지 말고
솔잎은 뾰쪽뾰쪽 연잎은 둥글둥글
생긴대로 바로 써서 허공처럼 막힌 곳 없이 하라.

병중음(病中吟)

내가 곧 병인가, 병이 곧 나인가.
병과 나는 이미 명칭이 다르니
나는 병이 아니요, 병은 내가 아니다.

그러니 무엇을 나라 하고 무엇을 병이라 하나
그 근원을 살펴보건대
병도 얻을 수 없고 나도 얻을 수 없으니
얻지 못하는 것이 나요, 얻지 못하는 것이 병이다.

그렇더라도 내가 있으면 병이 있고 내가 없으면 병도 없으며
병이 있으면 내가 있고 병 없으면 나도 없다.
병 밖에 내가 없고 나 밖에 병 없어
병이 곧 나이고 내가 곧 병이다.

병과 내가 둘이 아니니 둘이 아닌 그 가운데
어찌하여 두 이름인가.
이미 두 이름이면 하나는 옳고 하나는 그르다.
사리가 그러하니 어느 것이 참이고 어느 것이 거짓인가.

내가 만일 참이라면 병은 곧 거짓이요
병이 만일 참이라면 내가 곧 거짓이라
누가 옳고 누가 그르며 누가 참이고 누가 거짓인가.

이때를 당하여는 병도 볼 수 없고 나도 볼 수 없으니
병은 어디에서 생기며 나는 어디에서 왔는가.
병도 나도 모두 실체가 없어서 가명이지 참이 아니다.
병과 내가 모두 공했으면 필경에는 무엇인가.
송하여 읊노라.

겨우네 골수에 병이 깊어 좋은 약제 없더니
동군이 따뜻한 기운을 불어줌에 일시에 푸르더라.

천도법어(薦度法語)

『뭇 새들이 한 가지에 앉았다가
날이 새니 제각각 흩어지니
우리내 인생도 이와 같아
눈물 흘릴 것 없어라.

부처님 몸 법계에 가득해
중생들 앞에 나타나니
인연 따라 어느 곳엔 아니계신 곳 있으리오.
항상 보리좌에 앉아 평화를 누리소서.

부처님 세계 알고자 하면
마땅히 그 마음 허공처럼 비우소서.
널리 망상 헐떡거리는 마음 없으면
가는 곳마다 걸림이 없으리라.』

〈정일광 천도법회〉

『하늘 땅도 오래가지 못하는데
하물며 그 속에 사는 사람들이겠는가.
만약 음양만 받지 않는다면

억겁 다생에 자재한 몸 얻으리.

눈으로 보아도 본 바 없고
귀로 들어도 소리 없으면
분별시비 다 놓아버리고
제 마음 부처에 돌아가리….

영가시여,
향내는 향로를 감싸고
촛불은 어두움을 밝히고 있습니다.
죽었느냐 살았느냐 빛을 볼 수 없구나.
오고 갔다 하나 그대의 소리 들을 수 없다.
색과 소리 없다고 말라.
소소한 가을바람에 낙엽만 떨어진다.』

〈태고심 영가〉

『나도 남이 없고 죽어도 죽음이 없기에
무생속에 나고 무사속에 죽으니
음양의 몸이 진짜인가 가짜인가.
흰구름은 푸른산에 걸리고
푸른산은 흰구름 막지 않는다.
산은 산대로 구름은 구름대로 가만히 놓아두면
구름보고 산보는 놈이 제맘대로 하리라.』

〈정산각재에 붙여〉

제 2 편

불조법어
(佛祖法語)

과거칠불 전법게(傳法偈)

과거칠불의 역사는 석가 이전의 불보(佛譜)를 증명하는 승보
(僧寶)이다. 제각기 깨달음을 통해 후배들에게 보인 것이 있으니
간추려 보면 다음과 같다.

제1 비바시불(毘婆尸佛)

형상 없는 데서 생을 받아 몸이 생겼으니
요술쟁이가 갖가지 형상을 만들어낸 것 같다.
요술로 만들어진 사람에겐 심식이 본래 없듯이
죄와 복이 모두 공해 머무는 곳 없도다.

제2 시기불(尸棄佛)

선법을 일으킨 것도 본래 환이고
악업을 일으킨 것도 역시 환이다.
몸은 물거품 같고 마음은 바람 같아서
환에는 뿌리도 없고 실다운 성품도 없다.

제3 비사부불(毘舍浮佛)

사대원소를 빌려서 몸을 삼았으므로
마음은 본디 생 없으나 경계 따라 있는 것 같이 보인다.
앞 경계가 없으면 마음도 없나니
죄와 복도 환처럼 일었다 꺼졌다 한다.

제4 구류손불(拘留孫佛)

몸에 실성이 없음을 보면 부처의 몸이요
마음이 환 같음을 깨달으면 부처의 마음이다.
이 몸과 마음, 성품이 공한 줄 분명히 알면
이 사람이 부처와 무엇이 다르랴.

제5 구나함모니불(俱那含牟尼佛)

부처는 몸을 보이지 않으나 이것이 부처임을 알겠네.
참으로 아는 것이 있다면 부처가 따로 없으리….
지혜로운 자는 죄의 성품이 공함을 알아서
조금도 생사를 두려워하지 않는다.

제6 가섭불(迦葉佛)

모든 중생의 성품은 청정하여서
본래부터 남도 없고 멸함도 없다.
이 몸, 이 마음이 환으로 생긴 것이니
환에서 생긴 것에 무슨 죄와 복이 있으랴.

제7 석가모니불(釋迦牟尼佛)

법이란 본래 법은 법이 없는 것
법 없는 법 또한 법이니
없는 그 법을 전하는 때에
법 법이 언제 법인 적이 있었던가.

전등록(傳燈錄)

전등록은 33조사 이후 역대 선지식들이 전한 진리의 등불을 밝힌 것이니, 여기 1702인의 설화가 나온다. 그러나 낱낱이 이를 다 설명할 수 없으니 중국과 한국에 널리 알려진 28분의 화두만을 중심으로 정리해 본다.

(1) 세존양구(世尊良久)

외도(外道)가 부처님한데 와서

"말 있음도 묻지 않고 말 없음도 묻지 않겠습니다."

하니 부처님께서 그만 양구(良久) 하였다. 그런데 외도가,

"세존께서 대자대비로 내 어두운 마음을 열어주셔서 깨닫게 되었으니 감사합니다."

하였다. 외도가 간 뒤에 아난존자가 부처님께 물었다.

"외도가 무엇을 깨달았기에 깨달았다고 합니까?"

"좋은 말은 채찍 그림자만 보고도 달리느니라."

(2) 육조 삼승(六祖 三乘)

어떤 학인이 육조에게 물었다.

"부처님이 삼승법을 설하고, 또 최상승(最上乘)을 말씀하셨는데, 제가 이것을 모르겠으니 스님께서 일러주십시오."

"보고 듣고 읽고 외우고 하는 것은 소승이고, 법을 깨달아서 뜻을 아는 것은 중승이고, 깨달은 법에 의해 닦고 행하는 것은 대승이며, 생각생각이 머무는 데가 없으면(念念無住) 최상승이다. 자기 본성 자리를 보아서 만법이 다 통하고 만행이 다 구비해서 일체를 꺼리지 않으면 경계 속에서도 보는 상(見相)을 모두 여읠 것이다."

(3) 육조 욕귀(六祖 欲歸)

육조가 하루는 문인들을 보고 말했다.

"내가 이제 새 고을(新州)로 돌아가고자 한다. 그러니 속히 배를 손질해라."

문인들이 물었다.

"스님, 지금 가시면 언제 오시렵니까?"

"잎사귀가 떨어지면 뿌리로 돌아가는데 올 때는 말없이 오느니라."

(4) 남악 일물(南嶽 一物)

남악회양(南嶽懷讓)선사가 육조를 처음 찾아뵈었을 때 육조가 물었다.

"어디에서 왔는가?"

"숭산(嵩山)에서 왔습니다."

"무슨 물건이 이렇게 왔는가?"

이 말에 회양선사가 대답을 못했다. 그 후 8년 만에 다시 육조를 찾아와서는

"설사 한 물건(一物)이라고 하더라도 맞지 않습니다."

하니,

"닦고 증득한 것이 있었는가?"

"닦아서 증득한 것은 없지 않았으나 더럽히고 물들일 수는 없었습니다."

"물들일 수 없고 더럽힐 수 없는 이것을 모든 부처가 보호해주시니, 너도 그렇고 나도 그렇다."

(5) 남악 마전(南岳 磨塼)

마도조일(馬祖道一)선사가 항상 앉아서 참선을 했는데, 회양이 하루는 기왓장을 가지고 마조가 좌선하고 있는 곳에 와서 갈았다. 마조가 공부하다가 그것을 보고 물었다.

"스님. 뭐 하려고 기왓장을 갈고 있습니까?"

"거울을 만들려고 한다."

"기왓장을 갈아서 어떻게 거울을 만들 수 있겠습니까?"

"앉아만 있다고 어찌 성불을 할 수 있겠느냐."

"그러면 어찌해야 합니까?"

"수레가 가지 않으면 수레를 때려야 되겠느냐, 소를 때려야 하겠느냐?"

마조가 그 자리에서 깨닫고 일어나셨다.

(6) 청원 소무(淸原 所務)

청원행사(淸原行思)선사가 육조에게 물었다.

"무슨 일에 힘써야 계급에 떨어지지 않겠습니까?"

"그대는 여기 오기 전에 무슨 일을 하였느냐?"

"성인의 법(聖諦)도 하지 않았습니다."

"그렇다면 무슨 계급에 떨어지겠느냐?"

"성인의 법도 안했는데 무슨 계급이 있겠습니까?"

이 말에 육조는 행사의 그릇을 알아보고 인정하였다.

이에 대해 대혜종고(大慧宗杲)선사는,

쓸데없는 말을 쓸데없이 지껄이지 말아야 하니

가끔 가끔 쓸데없는 말에서 일이 벌어진다.

(7) 청원 여릉(淸原 廬陵)

어떤 학인이 행사(淸原行思)에게 물었다.
"불법의 큰 뜻이 무엇입니까?"
도리어 물었다.
"여릉에선 쌀값이 얼마나 하더냐?"
물었다. 불법은 중생 때문에 생긴 까닭이다.

(8) 마조 일면불(馬祖 日面佛)

마조스님은 남악회양(南嶽懷讓)선사 밑에서 공부하여 깨치고 크게 이름을 떨쳐 사방에서 오는 납자들을 잘 길러 가장 많은 도인을 배출한 분이다.
마조스님이 아팠을 때 그 절 원주가 가서 물었다.
"스님. 요새 존후가 어떻습니까?"
"일면불 월면불이니라."

(9) 마조의 사구백비(四句百非)

어떤 학인이 마조스님에게 물었다.
"사구를 여의고 백비를 끊고서 조사서래의를 가르쳐 주십시오."
사구란 있음(有), 없음(無), 있지도 않고 없지도 않음(非有非無), 있기도 하고 없기도 함(亦有亦無)을 말한다. 백비(百非)란

백 가지 틀린 논리이다.

"내가 오늘은 아무 뜻이 없으니 그대는 지장한테 가서 물어라."

지장은 서당지장(西堂智藏)선사로서 마조와는 사제지간이었다. 그래서 그 학인이 지장에게 가서 똑같이 물으니, 지장이 손으로 머리를 가리키면서,

"내가 오늘 머리가 아파서 일러주지 못하겠으니 저 회해한테 가서 물어보라."

회해(懷海)는 백장(白丈)스님으로 지장과는 사형사제간이었다. 학인이 회해에게 가서 똑같이 물으니 회해가,

"나는 거기에 이르러서는 도무지 알지 못한다."

하였다. 그 학인이 도로 마조한테 가서 두 스님께 하신 이야기를 전해주었더니,

"지장의 머리는 희고 회해의 머리는 검구나."

하였다.

(10) 마조와 압자(鴨子)

마조스님이 백장스님하고 어디를 가는데 오리가 날아 지나갔다. 그 때 마조가 물었다.

"저것이 무엇인가?"

백장이 대답하였다.

"오리입니다."

"어디로 갔는가?"

"날아가 버렸습니다."

마조가 갑자기 백장의 코를 꽉 쥐어 버렸다. 백장이 아파서 소리를 지르니 마조가 물었다.

"언제 날아간 적이 있더냐? 날아갔다면 왜 '아야 아야' 하느냐."

(11) 마조의 서래의(西來意)

무업분주(無業汾州)국사가 마조스님에게 가서 물었다.

"어떤 것이 조사께서 비밀이 전한 심인(心印)입니까?"

"시끄럽소. 이따가 오시오."

무업이 나가려고 문을 열고 한 발을 밖으로 내딛는 순간 마조가 "대덕(大德)!" 하고 불렀다. 무업이 문득 돌아보는데 마조가 돌이켜 물었다.

"이것이 무엇인고(是甚麽)?"

무업은 이 한 마디에 깨달았다.

(12) 백장 기특(百丈 奇特)

어떤 학인이 와서 백장스님한테 물었다.

"어떤 일이 가장 기특한 일입니까?"

"대웅봉에 홀로 앉아 있는 것이 기특한 일이다."

학인이 그 말을 듣고 절을 하자 백장이 그를 때렸다.

(13) 백장 야호(野狐)

백장이 매일 상당(上堂)에서 법문을 하는데, 항상 어떤 노인이 와서 법문을 듣고는 법문이 끝나면 가버리곤 하였다. 그러다가 하루는 법문이 끝난 뒤에도 가지 않고 있으니 백장이 물었다.

"거기 서 있는 이는 누구인가?"

"제가 과거 지난 세상 가섭불 때 이 산에 있었습니다. 그때 어떤 학인이 와서 '크게 수행한 사람도 인과에 떨어지는 수가 있습니까?' 하고 묻길래, 제가 '인과에 떨어지지 않는다(不落因果)'고 대답했습니다. 그 과보로 여우의 몸을 받아서 지금까지 몸을 바꾸지 못했으니 스님이 한 말씀 해주십시오."

"인과에 어둡지 않느니라(不昧因果)"

노인이 이 말에 깨치고

"제가 이제 여우의 몸을 벗겠습니다. 저 산 넘어 제 몸이 있을 것이니 불태워 주십시오."

하고 떠났다. 백장이 대중에게 고해서 산 뒤에 가서 여우 몸을 잘 화장해 주었다. 여기서 '전백장 후백장'이란 화두가 생겼다.

(14) 백장 재참(再參)

백장스님이 마조스님을 두 번째 가서 뵈었을 때 일이다. 마조가 불자(拂子)를 잡아 세우자 백장이 물었다.

"이것에 의지해서(卽) 활용합니까, 아니면 이것을 떠나서(離)

활용합니까?"

마조가 아무 말 없이 불자를 본래 가져왔던 곳에다 걸어두자 백장이 양구를 했다. 양구(良久)란 아무말 없이 묵묵히 오래 앉아 있는 것이다.

(15) 복우 탈쇄(伏牛 脫洒)

복우산 자재(自在)선사가 항상 대중에게 이런 법문을 하였다.

"마음이 바로 부처(卽心是佛)라고 하는 법문은 병이 없는데 약을 청하는 법문이다. 마음도 아니고 부처도 아니다(非心非佛)고 하는 법문은 약과 병이 서로 맞서는 법문이다."

한 학인이 있다가 일어나서 물었다.

"앞의 두 구절은 약과 병을 벗어나지 못한 법문이니 어떤 것이 벗어난(脫洒) 법문입니까?"

"복우산 밑에 예나 지금이나 전하는 것이니라."

(16) 삼각 삼보(三角 三寶)

삼각총인(三角總印)선사에게 어떤 학인이 와서 물었다.

"어떤 것이 삼보입니까?"

"쌀·보리·콩이니라."

"잘 모르겠습니다."

"대중아, 기꺼이 받들어 모셔라."
하였다.

(17) 마곡 지석(麻谷 持錫)

마곡보철(麻谷寶徹)스님이 주장자를 짚고 장경회휘(章敬懷暉)스
님 처소에 가서 선상을 세 번 돌고는, 주장자를 한 번 흔들고 자
리에 서니 장경이
"옳고 옳도다."
하였다. 마곡이 이번에는 남전한테 가서 똑같이 했는데, 남전은,
"틀렸다 틀렸다."
하였다. 마곡이,
"장경스님은 옳다고 했는데, 화상께서는 왜 틀렸다고 합니까?"
하자 남전이
"장경은 옳았지만 너는 틀렸으니 바람의 힘으로 움직인 것이라
결국에는 무너지고 마느니라."
하였다.

(18) 남전 일원상(南泉 一圓相)

남전이 귀종(歸宗)·마곡(麻谷)과 함께 충국사를 찾아가는데, 남
전이 갑자기 땅위에 막대기로 일원상 하나를 그려놓고는
"바로 말하면 함께 가겠다."

하였다. 그러자 귀종은 원상 가운데로 들어가 앉았고, 마곡은 여자 절을 하였다. 절집에서는 다 똑같지만 마을에서는 남자들이 하는 절하고 여자들이 하는 절하고 다른데, 마곡이 이마에다 손을 대고 여자처럼 절을 하였다. 그랬더니 남전이 함께 갈 수 없다고 하였다. 귀종이

"그게 무슨 심보냐."

하자 남전이 그들을 불러 함께 돌아왔다.

(19) 남전 토지(南泉 土地)

남전이 큰 절에 계시다가 하루는 암자 농막에 가려고 생각하였다. 다음 날 기별도 안하고 갔는데, 올라가서 조금 앉아 있으니 암주가 아주 큰 상을 차려 내려왔다. 떡이며 과자며 나물이며 온갖 음식을 차렸는데, 그 정도로 차리려면 전날부터 준비를 했어야 할 것이다. 별안간 성찬이 나온 것을 보고 남전이 원주에게 어떻게 알고 준비했느냐고 물었더니, 원주는 간밤에 도량의 토지신이 와서 큰스님께서 오늘 올라오신다고 알려주었다고 대답하였다. 남전이 가만히 생각하니 지금까지 공부한다고 했는데, 도량신이라는 놈한테 내 마음을 들켰으니 공부를 잘못했구나 생각하고, 원주에게 한 상 차려서 도량신에게도 올리라고 하였다.

마음은 동하지 않으면 도저히 아무도 엿볼 수가 없다. 공부하는 사람은 귀신도 내 마음을 모를 만큼 공부가 되어야 참으로 진정한 공부를 했다 할 수 있다.

(20) 남전 주장(南泉 拄杖)

남전과 조주(趙州)와 삼산(杉山)과 귀종(歸宗), 네 사람이 암자를 하나씩 만들어 공부를 하려고 마조를 하직하고 떠나려던 참이었다. 네 사람이 작별인사를 하는데, 남전이 짚고 가던 주장자를 길에다 꽂아 놓고,

"그대들이 이것을 일러내더라도 이놈에 걸릴 것이고 일러내지 못하더라도 이놈에 걸릴 것이다."

하였다. 그러자 같이 가던 귀종이 주장자로 남전을 한 번 내리치고는

"이 왕노사(王老師)여, 그저 왕노사일 뿐인데 무슨 걸리니 안 걸리니 그런 소리를 하는가."

하였다. 이에 조주는 다만

"이 한 마디가 천하에 퍼질 것입니다."

하였다.

(21) 대매 즉불(大梅 卽佛)

대매법상(大梅法常) 선사가 공부하려고 마조스님을 찾아가 물었다.

"어떠한 것이 부처입니까?"

"마음이 곧 부처다(卽心是佛)."

하니 법상이 더 들을 것도 없이 이 말 한 마디에 깨쳤다. 깨쳤으니 거기 있을 필요도 없고 해서 대매산에 들어가서 조그마한

토굴 하나를 짓고 6년이 지나도록 다시 오지 않았다.

마조가 하루는 문득 대매 생각이 나 제자들을 보내서 이렇게 물어 보게 하였다.

"그대는 어찌하여 6년 전에 큰스님에게 다녀간 뒤로 지금까지 한 번도 와서 법을 묻지 않았는가?"

하였더니 대매는 서슴지 않고,

"그때 즉심시불(卽心是佛)이라고 일러주셨는데 다시 물을 것이 있는가."

하였다.

"요새는 마조의 불법이 달라져서, 마음도 아니요 부처도 아니라(非心是佛)고 하던데."

대매가

"그 늙은이가 공연히 사람을 어지럽게 하는구나. 마조는 마조대로 비심비불(非心非佛) 하더라도 나는 즉심시불(卽心是佛)이다."

마조가 이 말을 전해듣고,

"매실이 익었구나(梅子熟也)."

대답하였다. 대매의 공부가 잘 익었다고 인정하는 말이다.

(22) 홍주 서래(洪州西來)

홍주수료(洪州水療)화상이 마조를 처음 찾아갔을 때,

"무엇이 조사가 서쪽에서 오신 분명한 뜻입니까?"

하고 묻자, 마조가 그의 가슴팍을 걷어차서 땅에다 내동댕이를

쳤다. 그 순간 수료화상이 크게 깨닫고 손바닥을 털고 일어나 껄껄껄 웃으면서,

"참말로 신기하구나! 백천 가지 삼매와 한량없는 묘한 뜻이 바로 이 한 터럭 끝에서 나는 것을 알았다."

하였다. 그리고는 마조에게 절을 하고 물러갔다. 깨친 뒤에는 어느 산문의 주지가 되어 대중에게 이렇게 법문을 했다.

"마조스님한테 한 번 걸어차인 뒤로 지금까지 웃음이 그치지를 않는다."

(23) 석공의 간전(石鞏看箭)

조사스님들 중에는 간혹 특이한 방법으로 제자들을 지도하신 분들이 있다. 호남지림(湖南祇林)화상은 12년 동안 나무칼을 휘둘렀고, 설봉의존(雪峰義存)스님은 학인들이 찾아오면 나무공을 굴렸고, 금화구지(金華俱胝)는 손가락 하나만 내보였다. 여기 나오는 석공혜장(石鞏慧藏)선사는 상당법문을 할 때면 언제나 활을 당기고는 할을 한 번 한 뒤에

"화살 조심해라!"

하였다. 이분은 불교에 들어오기 전에 원래 사냥꾼이었다. 하루는 사슴을 쫓아가다가 마조의 암자 앞을 지나면서 마조에게 물었다.

"사슴 지나가는 것 못 보셨습니까?"

"그대는 무엇을 하는 사람인가?"

"사냥꾼입니다."

"그럼 활은 쏠 줄 아는가?"

"그렇습니다."

"한 번 쏘아 몇 마리나 잡는가?"

"화살 하나로 한 마리씩 잡습니다."

"그렇다면 그대는 화살을 쓸 줄 모른다."

"화상께선 한 대로 몇 마리나 잡으십니까?"

"나는 한 대로 한 무리를 쏘아 다 맞춘다."

"피차가 서로 생명을 가졌는데 어째서 그렇게 잔인하게 한 무리씩이나 잡습니까?"

"그렇다면 그대는 어째서 스스로를 쏘지 않는가?"

"저에게 저를 쏘라 하시면 쏠 수가 없습니다."

이에 마조가

"여러 겁을 두고 쌓인 그대의 무명이 오늘에야 활짝 벗어지는구나."

하자, 석공이 칼을 빼어 머리를 자르고 암자에 머물러 마조의 시봉을 들었다.

이런 인연으로 깨달았기 때문에 훗날 출세해 상당법문을 할 때면 다른 소리는 하지 않고 그저 화살 조심하라고만 하였다. 이렇게 하기를 30년, 하루는 대중 가운데 삼평(三平)이라고 하는 스님이 있다가 그 소리를 듣고는 바로 법상 밑으로 다가가서 가슴을 턱 벌리니, 석공화상이 활을 도로 본래 자리에 내려 두었다. 삼평이 물었다.

"이것은 사람을 죽이는 활이려니와 어떤 것이 사람을 살리는 활입니까?"

화살이라는 것이 본디 사람을 죽이려고 만든 것 아닙니까. 그런데 지금 이 스님은 사람 살리는 화살을 물은 것입니다. 그러자 석공은 활줄을 세 번 퉁기니 삼평이 알아듣고는 절을 하였다.

석공이 말했다.

"30년 동안 활을 한 번 당겨 두 대의 화살을 쏘았는데 오늘에야 비로소 반쪽짜리 성인을 쏘아 맞혔도다.

반절밖에 허락을 안한 것이다.

(24) 용산 차산(龍山 此山)

동산양개(洞山良价)스님이 그의 사형 신산승밀(神山僧密)과 같이 산길을 가는데, 인적이 없을 만큼 산이 깊어서 길을 잃어버리게 되었다. 갈 바를 모르고 주저하고 있는데 골짜기 물에 채소잎이 떠내려 오는 것이 보였다. 채소가 있을 때는 사람이 필경 살고 있으려니 하고 그 채소가 떠내려 온 곳을 따라서 올라가다 보니 조그만 오막살이집이 하나가 있었다. 거기서 나물을 캐고 있는 늙은이가 하나 있는데 쳐다보니 매우 범상치 않은 사람처럼 보였다. 오두막의 주인 용산이 동산에게 물었다.

"이 산에 길이 없는데 스님은 어디로 오셨소?"

"길 없는 것은 그만두고 스님은 어디로 들어오셨습니까?"

"나는 구름과 물을 쫓아서 오지 않았는네."

"구름과 물을 쫓아오지 않았다면 스님이 이 산에 사신 지는 몇 해나 되었습니까?"

"나는 세월(春秋)에 상관하지 않습니다."

"그렇다면 스님이 먼저 살기 시작했습니까, 이 산이 먼저 살고 있었습니까?"

"그건 모르오."

"어째서 모르십니까?"

"나는 인간세계나 하늘세계에서 오지 않았기 때문이오."

"스님께선 무슨 도리를 얻었기에 이 산에 머무십니까?"

"내가 두 마리 진흙소가 싸우다가 바다로 들어가는 것을 보았는데, 지금까지 소식이 끊어졌소."

그러자 동산이 옷매무새를 고치고 몸가짐을 바로 하여 절을 하고 물었다.

"어떤 것이 주인 가운데 주인입니까?"

"푸른 산이 흰 구름을 덮었느니라."

"어떤 것이 주인 가운데 손님입니까?"

"오랫동안 문 밖에 나가지 않았다."

"주인하고 손님하고 그 사이가 얼마나 됩니까?"

"긴 강물 위의 물결이니라."

"손님하고 주인하고 서로 만나면 무슨 말을 합니까?"

"맑은 바람이 흰 달을 스친다."

이 문답이 끝나자 동산이 예를 하고 물러갔다. 그렇게 어려운 법문은 아닌데 잘 납득이 가실지 모르겠다.

(25) 방거사 간난(龐居士 艱難)

방온(龐蘊)거사는 중국에서 가장 이름 높은 거사다. 불교에서는 도가 높으신 거사로 세 분을 꼽는데 인도의 유마(維摩)거사, 중국의 방거사, 우리나라의 부설(浮雪)거사다. 방거사는 자기뿐 아니라 부인과 딸까지 집안이 다 도인이었다. 방거사의 게송 중에는 이 집안의 분위기를 엿보게 하는 것이 있다.

아들이 있어도 장가보내지 않고
딸이 있어도 시집보내지 않는다.
온 가족이 단란하게 둘러앉아
무생화(無生話)를 함께 나눈다.

하루는 밥을 먹고 나서 여느 때처럼 차를 마시던 차에 방거사가 말했다.

"어렵다, 어렵구나. 백 섬의 피마자를 오동나무에 올라가 기름 짜는 것만큼 어렵구나."

부인이 옆에 있다가 말했다.

"쉽고 쉽도다. 백 줄기 풀끝마다 조사의 뜻이로다."

그 곁에 딸이 있다가 자기 아버지 어머니를 다 공격하는 소리를 하였다.

"어렵지도 않고 쉽지도 않네. 배고프면 밥 먹고, 피곤하면 잠을 잔다."

평상심이 도라고 한 남전스님의 법문과 통하는 말이다. 평소에 쓰는 마음, 그것이 다 도라는 것이다.

(26) 방거사 심여(心如)

마음이 한결같으면 경계도 한결같고
실다운 것도 헛된 것도 없다.
있어도 관계치 않고
없어도 관계치 않으니
이런 이는 성현이 아니라
할 일을 다한 범부라네.

내 마음이 편안할 때는 무슨 경계를 보든 다 여여하다는 말
이다.

(27) 단하 목불(丹霞 木佛)

단하천연(丹霞天然)선사가 길을 가다가 혜림사(慧林寺)에 묵게
되었는데 날씨는 춥고 절은 텅 비어 있었다. 방에 들어가 보니
아주 냉골이라 추워서 견딜 수가 없었다. 도량에는 나무가 없고
법당에 큰 삼존불이 있었는데 두드려 보니 목불이었다. 그래서
목불 한 분을 업어다 부엌에 가서 패가지고 아궁이에 넣고 불을
지폈다.
방이 따뜻해져 곤하게 잠을 자는데 늦게서야 그 절 주인이 어
디를 갔다가 돌아와 보니 방이 후끈하였다. 나무가 하나도 없다
는 것을 자기가 잘 아는데, 객중 하나가 코를 드르렁 골고 있으
니, 그가 나무를 해다가 방을 덥힌 줄로 알고 깨워서 물었다.

"스님, 나무가 없는데 어디서 나무를 해다가 불을 땠길래 이렇게 방이 따뜻합니까?"

"법당에 가 보니 목불이 세 분이 있길래 우선 한 분 업어다 불을 땠습니다."

주인이 화가 나서

"세상에 부처님을 패서 불을 때는 중이 어디 있느냐."

나무라니 단하가 아무 말도 않고 부엌으로 가서 부지깽이로 아궁이 속을 휘적거렸다.

"무얼 하느냐?"

물으니 단하가

"사리를 찾습니다."

어이가 없어서

"목불에서 무슨 사리가 나오느냐."

고 하니, 단하가 그렇다면

"두 분도 마저 가져다 또 때야겠습니다."

하였다. 도인을 몰라보고 함부로 대한 그 암자 주인은 눈썹이 다 빠져버렸다.

(28) 단하 재즉(在則)

단하가 충국사(忠國寺, 南陽慧忠)를 뵈러 가서 먼저 시자에게 물었다.

"국사가 계신가?"

"계시기는 하나 손님을 보지는 않습니다."

"너무도 멀고 깊구나."

"부처의 눈으로도 보지 못합니다."

"용은 용의 새끼를 낳고 봉은 봉의 새끼를 낳는다."

국사가 낮잠 한숨 자고 일어나자 시자가 단하선사가 다녀간 이야기를 전하니, 국사가 그 시자에게 스무 방망이를 때려서 내쫓았다. 그 뒤에 단하가 그 말을 전해듣고,

"남양국사, 남양국사 하더니 그릇 전하는 말이 아니로구나."

하고 찬사를 했다.

삼십삼조사(三十三祖師)

   33조사는 인도 27대와 중국의 6대조를 말한다. 전법게는 다음과 같다.

제1 마하가섭(摩訶迦葉)

법이란 법, 본래의 법은
법도 없고 법 아닌 것도 없다.
하나의 법 가운데 어찌
법도 있고 법 아닌 것도 있으랴!

제2 아난(阿難)

본래는 있는 법을 전했으니
전하고 나면 법도 없다.
각자 스스로 깨달을지니
깨닫고 보면 없는 법도 없다.

제3 상나화수(商那和修)

법도 아니고 마음도 아니니
마음도 없고 법도 없다.
이런 법을 말할 때
이 법은 심법이 아니다.

제4 우바굽다(優婆趜多)

마음은 본래의 마음인데
본심은 있는 법이 아니다.
법도 있고 본심도 있으나
마음도 아니오 본래의 법도 아니다.

제5 제다가(提多迦)

본심과 본법을 통달하면
법도 없고 법 아닌 것도 없다.
깨닫고 나서는 깨닫지 못함과 같아서
마음도 없고 법도 없다.

제6 미차가(彌遮迦)

무심은 얻을 수 없으니
설명할 수 있으면 법이 아니다.
마음이 마음 아닌 줄 분명히 알아야
비로소 마음과 마음법을 알았다 할 것이다.

제7 바수밀(婆須蜜)

마음은 허공계와 같아서
허공 같은 법을 보여주나니
허공을 증득한 순간
옳은 법도 그른 법도 없다.

제8 불타난제(佛陀難提)

허공엔 안팎이 없듯이
마음법도 역시 그러해
허공의 이치 깨닫는다면
진여의 이치를 깨친 것이다.

제9 복타밀다(伏馱密多)

진리는 본래 이름 없으나
이름을 통해 진리를 드러내니
진실된 법을 얻고 나면
진실도 아니고 거짓도 아니다.

제10 협존자(脇尊者)

진실한 체성은 본래 진실해
진실이 있기 때문에 이치를 설한다.
참으로 진실 된 법 이해한다면
하고 말고 할 것도 없다.

제11 부나야사(富那夜奢)

미혹과 깨달음은 숨음과 나타난 것,
밝음과 어둠은 서로 떨어지지 않는다.
숨고 나타나는 법을 이제 전하려 하니
하나도 아니고 둘도 아니다.

제12 마명대사(馬鳴大師)

숨고 나타나는 이것이 본래 법이고
밝음과 어둠이 본래 둘이 아니다.
깨달은 이 법을 전하려 하니
갖지도 말고 버리지도 말라.

제13 가비마라(迦毘摩羅)

숨지도 않고 나타나지도 않는 법
이 법을 진실한 경계라 말한다.
숨고 나타나는 이 법을 깨달으면
어리석음도 지혜도 없다.

제14 용수보살(龍樹菩薩)

숨고 나타나는 법을 밝히려
비로소 해탈의 이치를 설했다.
법을 대할 때 마음에 얻는 것 없다면
화낼 것도 기뻐할 것도 없다.

제15 가나제바(迦那提婆)

법을 전할 이에게
해탈의 이치를 말해준다.
법에 대해 실로 증득할 것 없으면
시작도 없고 끝도 없다.

제16 라후라다(羅睺羅多)

법에 대해 실로 증득한 것 없으면
취할 것도 떠날 것도 없다.
법은 본래 유법 무법이 아닌데
안에서 밖이 어떻게 일어나랴!

제17 승가난제(僧伽難提)

마음 땅엔 본래 생하는 일 없으나
땅과 연이 있어서 일어난다.
연과 종자 서로를 방해치 않나니
꽃 피고 열매 맺는 일도 그러하다.

제18 가야사다(伽耶舍多)

종자도 있고 마음 땅도 있으면
인과 연이 싹을 트게 된다.
연에 대해 서로 장애하지 않으니
난 자리가 나지 않는 자리다.

제19 구마라다(鳩摩羅多)

성품 위에는 생함이 없나니
구하는 사람을 위해 생함을 말한다.
법에 이미 얻을 것 없는데
결단하고 못하고를 어찌 걱정하랴!

제20 사야다(闍夜多)

말끝에 무생에 계합하면
법계의 성품과 동등해진다.
이와 같이 이해한다면
일과 이치를 통달하게 된다.

제21 바수반두(婆修盤頭)

거품과 환은 한결같이 걸림이 없다.
무엇 때문에 깨닫지를 못하는가.
그 속에 법이 있음을 깨닫는다면
지금도 아니고 옛도 아니다.

제22 마나라(摩拏羅)

마음은 경계를 따라 굴러가건만
굴러가는 곳을 자기도 알지 못하나니
천만번 굴러가도 하나인 줄만 알면
기쁨과 슬픔에 속지 않으리…

제23 학륵나존자(鶴勒那尊者)

마음의 성품 알고나니
부사의하다고 할 수밖에 없다.
얻고 보면 얻은 것 없으니
얻었을 땐 알았다고 하지 못한다.

제24 사자존자(師子尊者)

지견을 말하는 그때
지견은 모두 다 마음이다.
마음에 현재하는 것 곧 지견이니
지견은 바로 지금이 있다.

제25 바사사다(婆舍斯多)

성인이 지견을 설할 때는
경계를 당해서 시비가 없다.
내 이제 참 성품 깨달으니
도도 없고 이치도 없다.

제26 불여밀다(不如密多)

참 성품이 마음 땅에 감추어져 있으니
머리도 없고 꼬리도 없다.
연을 따라 중생을 제접하니
방편으로 그것을 지혜라 한다.

제27 반야다라(般若多羅)

마음 땅에서 갖가지 종자 생겨나듯
현상을 빌미로 이치가 생겨난다.
과가 차서 깨달음이 원만해지면
꽃 피어 세계가 일어나리.

제28 보리달마(菩提達磨)

내가 본래 이 땅에 온 것은
법을 전해 미혹중생 구하려 함이니
꽃 한 송이에 다섯 꽃잎 피어나
열매는 저절로 열리리라.

제29 혜가대사(惠可大師)

본래 땅이 있었기 때문에
땅을 빌려 종자와 꽃이 생겼다.
본래 종자가 없다면
꽃 역시 생할리 없다.

제30 승찬대사(僧粲大師)

꽃과 종자 땅에서 나니
땅에서 나고 꽃을 심어 나지만
사람이 씨 뿌리지 않으면
꽃이든 땅이든 나는 일 없으리라.

제31 도신대사(道信大師)

꽃과 종자, 나는 성품이 있어서
땅을 인해 계속해서 꽃이 핀다.
큰 인연이 성품과 합하면
나는 자리의 생함이 생함이 아니다.

제32 홍인대사(弘忍大師)

유정은 씨앗을 뿌려
땅에 의해 열매가 생기나
무정에겐 씨 뿌리는 일 없나니
성품도 없고 나는 일도 없기 때문이다.

제33 혜능대사(慧能大師)

깨달음은 본디 나무가 아니고
밝은 거울도 거울 아니로다.
본래 한 물건도 없는데
어디에 먼지가 끼겠는가.

마음 땅이 씨앗을 머금었으니
비가 내리면 모두 싹 트리라.
돈오의 꽃이 피고 나면
보리의 열매 저절로 열리리라.

제34 약산 좌차(藥山坐次)

약산유엄(藥山惟儼)선사가 하루는 아무것도 하지 않고 한가하
게 앉아 있는데, 석두선사가 와서 보고는 물었다.
"그대는 지금 무엇을 하고 있는가?"
"아무것도 하지 않습니다."
"그러면 왜 이렇게 한가히 앉아 있는가."
"한가히 앉아 있다고 말하면 벌써 하는 일이 있는 것입니다."
"아무것도 하지 않는다고 하니, 아무것도 하지 않는 것이 무엇
인가."
"천 분의 성인도 알지 못합니다."
석두가 이에 게송을 읊었다.

지금까지 함께 있으면서도 이름 알지 못하고
마음대로 어울려 이렇게 행할 뿐이네.
자고로 성현들도 알지 못했는데
정신없는 범부들이 어찌 밝히랴.

제35 조주(趙州)의 조사서래의

어떤 학인이 조주종심(趙州從諗)에게 물었다.
"어떤 것이 조사가 서쪽에서 오신 뜻입니까?"
"뜰 앞의 잣나무니라(庭前栢樹子)."
스님께서 경계를 가지고 사람들에게 보이지 마십시오.
"나는 경계를 가지고 사람들에게 보인 적이 없다."
"어떤 것이 조사가 서쪽에서 오신 뜻입니까?"
"뜰 앞의 잣나무니라."
잘 납득이 가지 않는다. 막히고 막히지 않는 것이 거기 있다.

제36 조주 만법(萬法)

어떤 학인이 조주에게 물었다.
"만법은 하나로 돌아가는데, 그 하나는 어디로 돌아갑니까?"
이런 화두를 '양중공안(兩重公案)'이라고 한다. 한 공안에 화두
가 둘이 들었다는 뜻이다.
'만법이 하나로 돌아간다'고 했으니 이 하나가 무엇인가 하고

참구하는 것이 하나의 화두가 되고, 그 하나가 어디로 돌아가는지를 참구하는 것이 두 번째 화두가 된다.

그러자 조주가,

"내가 청주(淸州)에서 베 장삼을 하나 해 입었는데, 일곱 근이 나가더라."

하였다. 훗날 이 화두를 가지고 어떤 학인이 운봉문열(雲峰文悅)선사에게 가서 "만법은 하나로 돌아가는데, 그 하나는 어디로 돌아갑니까?" 하고 물으려는데, 운봉이 할을 하였다. 그 학인이 어쩔 줄 모르고 망연히 있는데 운봉이 "조주스님이 무어라고 하셨던가?" 하고 되물었다. 그 학인이 무슨 말인가 하려고 입을 열려는 차에 운봉이 그의 입을 쳐버렸다.

제37 조주 사문(趙州 四門)

한 학인이 조주에게 어떤 것이 조주냐고 묻자, 조주가 동문 남문 서문 북문이라고 하였다. 그 학인이 그것을 물은 것이 아니라고 하자, 조주가 "그대가 조주를 물었던가?" 하였다.

제38 조주 지도(至道)

또 어떤 학인이 조주스님에게 물었다.

"지극한 도는 어려움이 없으나 간택(揀擇)하는 것만을 꺼린다 하였으니, 무엇이 간택하지 않는 것입니까?"

삼조 승찬(僧璨)대사의 ‘신심명(信心銘)’에 나오는 말이다. 간택
은 무엇을 이리저리 헤아리는 것이다. 간택을 하지 않으면 바로
그것인데 간택을 하기 때문에 지극한 도와 멀어지므로, 오직 간
택하는 것을 꺼린다고 한 것이다. 학인의 물음에 대하여 조주가,

　“천상천하에 유아독존.”

　이라고 대답하였다. 간택만 안한다면 그것이 바로 부처라는 뜻
이다. 그러자 학인이 다시 말했다.

　“그렇다 해도 여전히 간택하는 것입니다.”

　하자 조주가

　“이 종놈아! 어디가 간택한 곳이냐?”

　하니 학인은 아무 말을 못했다.

제39 조주 평상(平常)

　조주가 그의 스승인 남전(南泉)에게 무엇이 도냐고 묻자, 평상
심이 도라고 대답했다. 도가 따로 있는 것이 아니라 꾸미는 것
없는 마음, 밥 먹고 잠자는 그 마음, 평상의 마음이 도라는 말씀
이다. 그 말을 듣고 조주가

　“그렇다면 평상심으로 향해 나아가야 합니까?”

　하고 다지 묻자,

　“하려 하면 벌써 어긋난다.”

　고 대답하였다. 평상심을 가져야겠다. 이런 생각을 가지면 틀
렸다는 것입니다. 그래서 조주가 다시 물었다.

　“아무것도 하지 않는다면 그것이 도인 줄은 어떻게 알겠습니까?”

"도는 알고 모르는데 속하지 않는다. 안다는 것은 망령된 깨달음(妄覺)이고 모른다는 것은 무기(無記)이기 때문이다."

뒷사람들이 이 이야기를 들어 해놓은 법문들이 있다. 불감극근(佛鑑克勤)이라고 하는 이가 평상심 법문에 대해 송을 지었다.

평상심의 도를 알고자 한다면 천진자연에 맡겨 두라.
배를 띄우려면 돛을 올리고
말을 달리려면 채찍을 들어야 한다.
배고프면 밥 먹고 피곤하면 잠을 잔다.

모두 다 인연 따라 얻으나 얻어지는 것은 인연이 아니다.
얻어진 것 인연이 아닌데
깨닫는 자가 본래 그러함을 알 뿐이다.
빗속에서 밝은 달을 구경하고 불 속에서 맑은 샘물을 떠낸다.

똑바로 서면 머리가 땅에 닿고
가로 누우면 발이 하늘로 향한다.
이렇게 알아야만 비로소 조사선을 깨달았다 하리라.

모두 다 인연 따라 얻으나 얻어진 것은 인연이 아니라고 하였는데, 가령 조사스님들도 인연 따라 깨친 일이 많다. 영운지근(靈雲志勤)은 복숭아꽃 떨어지는 것을 보고 깨쳤고, 향엄지한(香嚴智閑)은 대 치는 소리에 깨쳐 '격죽선(擊竹禪)'이라는 이야기가 내려오고 있다. 또 수료화상(水潦和尙) 같은 이는 마조에게 멱살을 한 번 잡힌 인연으로 깨쳤다.

운문(雲門, 大慧宗杲)이 "배워서 아는 자(學而知之)가 있고, 나면서부터 그냥 아는 자(生而知之)도 있다" 하고서, 이 두 가지를 조주의 일화로 예를 들었다.

어떤 학인이 조주에게 와서 "제가 이제 막 총림에 들어왔으니 스님께서 잘 가르쳐 주십시오" 하자, 조주가 "죽은 먹었느냐?" 하니, 학인이 "먹었습니다" 하였다. 조주가 "그러면 발우를 씻어라" 하자, 학인이 그 말 한 마디에 깨달아 생사심을 쉬었다고 한다.

제40 지림 목검(祇林 木劍)

호남지림(湖南祇林)선사는 길다란 나무칼을 하나 만들어 놓고 누가 공부하러 와서 법을 물으면 언제나

"마구니가 왔구나!"

하면서 나무칼만 휘두르고 방장으로 돌아갔다. 12년 동안 나무칼만 휘두르더니 그 뒤에는 나무칼을 쓰지 않자 어떤 학인이 물었다.

"어찌하여 나무칼을 썼습니까?"

"도둑놈은 가난한 집은 털지 않는다."

"그럼 12년 후에는 어째서 나무칼을 쓰지 않습니까?"

"도둑놈은 가난한 집은 털지 않는 법이다."

제41 보화 진탁(普化 振鐸)

진주보화(鎭州普化)존자는 평상시에 시장이나 거리에서 요령을 흔들며,

"밝은 놈이 오면 밝은 놈을 쳐버리고, 어두운 놈이 오면 어두운 놈을 쳐버리고, 사방팔면에서 오면 바람을 돌이켜서 쳐버리고, 허공에서 오면 도리깨로 친다."

하면서 돌아다녔다. 이러고 다니니 당시 사람들은 그가 도인인지 범부인지 짐작하기가 어려웠다. 미친 짓 한다고 소문이 사방에 퍼져 하루는 임제(臨濟)스님이 시자를 시켜서 보화가 또 그러거든 뒤로 가서 꽉 붙잡고 물어보라.

"그 어느 쪽으로도 오지 않을 때는 어떻게 하시렵니까?"

시자가 시키는 대로 했더니 보화가 그를 밀쳐버리면서,

"내일 대비원(大悲院)에 재가 있느니라."

시자가 이야기를 전하니 임제가

"내가 본래 그 자를 의심했었다."

하였다.

제42 보화 직철(直裰)

보화존자는 죽음도 별스럽게 한 사람이다. 하루는 보화가 장에 나가서 말했다.

"내가 곧 갈 테니 장삼(直裰) 하나를 해다 달라."

스님네들 장삼을 보면 끝자락 이음새가 직각으로 되어 있는데,

그래서 장삼을 '직철'이라고 한다. 사람들이 장삼을 해다 주니 싫다고 받지 않았다. 관(棺)을 말한 것인데, 다른 사람들이 그 말을 알아듣지 못했기 때문이다.

임제만이 그 말을 알아들었다. 관을 하나 짜놓고

"내가 사숙을 위해 장삼 하나를 장만해 놓았습니다."

하니 보화존자가 그걸 짊어지고 거리로 나가서는,

"내가 내일은 동문에 가서 떠날 것이다."

하고, 또 그 이튿날은 남문에서, 그 다음날은 서문에 가서 떠나겠다 하고, 마침내 북문에 가서 떠나겠다고 하자 그 때는 한 사람도 나오는 사람이 없었다. 그런데 이번에는 정말로 북문으로 나가서 스스로 관 속에 들어가 몸을 벗었다. 사람들은 나중에야 관 속에서 딸랑딸랑 하는 요령 소리를 듣고 그가 미친 중이 아니라 훌륭한 도인이었음을 알았다.

보화존자는 도행과 기개가 대단하여 당시 천하의 임제도 아이 취급을 받을 정도였다.

제43 구지 일지(俱胝 一指)

금화산(金華山) 구지선사는 누가 와서 무슨 법이든 물으면 손가락 하나만 세웠다. 그는 이 법을 그의 스승 천룡(天龍)스님에게서 얻었다. 천룡은 당시 이름난 선지식이어서 학인도 신도들이 많이 찾아왔다. 그들이 법을 물으면 언제나 천룡은 손가락 하나만 내밀었다. 구지가 몇 해를 시자로 있으면서 보아도 다른 말씀이 없고 손가락만 내미니 나도 그렇게 하면 선지식 되고 도인 되겠다 하는 생각을 하였다. 그 뒤로 스승을 찾아오는 손님이 있으면 자기 방으로 데려가서 무엇이든지 물으라 하여, 그들이 법을 물으면 자기 스승이 했듯이 손가락 하나만 내밀었다.

어찌된 일인지 요즘 들어 법을 물으러 오는 사람이 없었으므로 천룡이 이상하게 여겨 가만히 살펴보니 상좌가 그런 짓을 하고 있었다. 그래서 이놈을 한 번 혼내줘야겠다고 벼르고 있다가, 하루는 손님들 앞에서 손가락을 내밀려고 하는 순간 잘 드는 칼로 손가락을 잘라버렸다. 구지가 손가락을 내밀려고 보니 손가락이 없었다. 놀라 도망치는 구지를 보고 불렀다.

"구지야."

뒤를 돌아보는 순간 천룡스님께서 손가락 하나를 치켜드니 순간 깨달았다. 그래서 그는 열반에 들려 할 때 대중을 모아 놓고

"나에게는 다른 것이 없다. 천룡에게서 한 손가락의 선(禪)을 얻어서 일평생을 썼어도 다 쓰지 못했다."

하고 입적하였다. 참선하는 사람은 무엇이고 한 가지를 얻으면 평생을 족하게 쓸 수 있는 것이다.

제44 석상 교중(石霜 敎中)

어떤 학인이 석상경제(石霜慶諸)선사에게 물었다.

"경론 속에도 조사선(祖師禪)의 도리가 있습니까?"

"있다."

"어떤 것이 경론 속의 조사의 뜻입니까?"

"책 속에서 찾지 말라."

하였다. 경을 보더라도 문자에서 구하지 말고 문자 밖의 소식을 알면 그것이 조사의 뜻이라는 말이다.

제45 덕산 탁발(德山 托鉢)

덕선선감(德山宣鑑)이 조실로 계실 때 하루는 밥이 늦어서 배가 고팠던지 방에서 발우를 들고 식당으로 가다가 법당 토방 위를 지나는데 마침 설봉(雪峰)이 그 광경을 보고는,

"저 노인네가 종도 안치고 북도 안쳤는데 발우를 들고 어디를 가는가?"

절에서는 밥 때가 되면 종도 치고 북도 쳐서 시간이 되었음을 알리기 때문이다. 그러자 덕산이 아무 말도 못하고 도로 자기 방으로 들어가 버렸다.

설봉이 암두(岩頭)스님에게 이 말을 했더니 암두가,

"알량한 덕산이 말귀를 알아듣지 못했구나."

하였다. 이 말이 다시 덕산의 귀에 들어갔다. 덕산이 시자를 시켜 암두를 방장으로 불러서

"네가 나를 긍정하지 않는다면서?"

하고 물었다. 그러자 암두가 덕산의 귀에 대고 무슨 말인가를 했다. 무슨 말을 했는지는 아무도 모르나 덕산이 그 다음날 상당하여 법문을 하는데 평소와는 달랐다. 그것을 보고 암두가 큰방 앞에서 손바닥을 치고 크게 웃으면서,

"이제야 저 노인네가 마지막 구절(末後句)를 알았으니 기쁘다. 이제부터는 천하에 누구라도 그를 어쩌지 못하리라. 그렇지만 3

년 밖에 못갈 것이다."

했는데, 과연 덕산은 3년 후에 열반하였다.

제46 동산 사진(洞山 師眞)

동산양개(洞山良价)가 운암운성(運岩曇晟)스님한테 물었다.

"스님 가신 지 백년 후에 어떤 사람이 와서 스님 얼굴을 얻고자 하면 어떻게 대답하리까?"

운암이 잠시 묵묵히 있다가 대답하였다.

"그저 이것뿐이다."

동산이 어쩔 바를 모르고 우두커니 섰는데, 운암이

"이 일을 알고자 한다면 세밀하게 살펴야 한다."

하였으나 동산이 그래도 늘 의심을 품고 그 말뜻을 알지 못했다. 그러다가 그 후에 언젠가 물을 건너가게 되었는데 물에 비친 자기 그림자를 보고 크게 깨달았다. 깨닫고나서 다음과 같은 송을 읊었다.

절대로 남에게서 찾지 말라. 나와는 점점 더 멀어진다.
내 이제 혼자서 가지만 가는 곳마다 그를 만난다.
그는 바로 지금의 나이지만 나는 지금 그가 아니다.
이렇게 알아야 비로소 여여에 계합하리라.

제47 동산 한서(寒暑)

어떤 학인이 동산스님에게 물었다.

"추위와 더위가 닥쳐오면 어떻게 피해야 합니까?"

"어째서 추위와 더위가 없는 곳을 묻지 않느냐?"

"춥고 더운 것이 없는 곳이 어딥니까?"

"추울 때는 그대를 몹시 춥게 하고, 더울 때는 그대를 몹시 덥게 하는 곳이다."

제48 동산 조도(鳥道)

어떤 학인이 동산스님에게 물었다.

"스님께서 평소에 저희들에게 조도(鳥道)로 다니라 하였는데, 어떤 것이 조도입니까?"

"한 사람도 만나지 않는 것이 조도이다."

"어떤 것이 행입니까?"

"발아래 아무것도 걸림없는 것이다."

"그렇다면 조도를 행한다는 것이 본래면목이 아닙니까?"

"그대는 어째서 그렇게 전도(顚倒)된 말을 하느냐?"

"어떤 것이 제가 전도되었다는 것입니까?"

"그대가 전도되지 않았으면 무엇 때문에 종놈을 주인으로 아느냐?"

"그러면 어떤 것이 본래 면목입니까?"

"조도를 행하지 않는 것이다."

제49 현사(玄沙)의 삼종병인(三種病人)

현사사비(玄沙師備)가 대중에게 이런 법문을 하였다.

"선방의 대덕이 모두 여러 중생들을 제도하고 남을 이롭게 한다고들 하는데, 세 가지 병신이 올 때는 어떻게 제도를 하는가? 소경은 방망이를 들거나 불자(拂子)를 세워도 보지 못하고, 귀머거리는 언어를 퍼부어도 듣지 못하고, 벙어리는 말을 시켜도 말을 못하니 그들을 어떻게 상대해서 제도하겠는가? 만약 이 세 병신을 제도하지 못한다면 불법은 영험이 없을 것이다."

이때 어떤 학인이 나서서,

"저도 세 가지 병신에 대해 한 마디 해도 되겠습니까?"

"해 보라."

허락하니

"안녕히 계십시오."

하고 물러가자

"틀렸다, 틀렸어!"

하였다.

이 법문에 대해 어떤 학인이 운문(雲門)스님한테 "이 세 가지 병신이 올 때 어떻게 제도해야겠습니까?" 하고 말씀을 청하자 운문이 "그대는 절을 해라" 하였다. 학인이 절을 하자 운문이 주장자로 찌르려 하자 학인이 뒤로 물러났다.

"그대는 눈이 멀지 않았구나."

하였다. 또

"이리 가까이 오너라."

하고 불러 학인이 가까이 오니
"그대는 귀머거리가 아니구나."
하였다. 그리고는 앉았다가
"알겠느냐?"
하고 물으니 학인이
"모릅니다."
하고 대답했다.
"그대는 벙어리가 아니로구나."
하였다.

제50 향림(香林) 좌구성로(坐久成勞)

향림징원(香林澄遠)선사에게 어떤 학인이 와서 물었다.
"무엇이 조사가 서쪽에서 오신 뜻입니까?"
"오래 앉았으면 피곤하니라."

제51 동산(洞山)의 마삼근(麻三斤)

동산수초(洞山守初)선사에게 어떤 학인이 무엇이 부처냐고 물
으니, 동산이 '삼서근'이라고 하였다.

제52 부대사(傅大士)

금강경에 송을 달아 놓은 것으로 유명한 부대사가 이런 송을
하였다.

빈 손에 호미를 들고
걷기도 하고 물소를 타기도 한다.
사람이 다리 위를 지나는데
다리는 흐르고 물은 흐르지 않더라.
어째서 다리는 흐르고 물은 흐르지 않는가.

제53 부대사 야야(夜夜)

부대사가 퍽 쉬운 송을 지었는데 누구라도 들으면 다 알 수
있을 것이다.

밤마다 부처를 품고 자고
아침마다 부처와 함께 일어난다.
일어나나 앉으나 서로 따라다니고
말을 하나 묵묵히 있으나 같이 산다.
몸뚱이와 그림자가 붙어다니듯
털끝만큼도 서로 떠나지 않는다.
부처님 가신 곳 알고자 하는가.
그저 이 말소리가 그것이라네.

제54 무착(無着) 전삼삼후삼삼(前三三後三三)

무착문희(無着文喜)선사가 문수의 처소에 갔다. 문수가 무착한데 물었다.

"요즘 어디서 떠나왔는고?"

"남방에서 왔습니다."

"남방의 불법은 어떻게 유지되고 있더냐?"

"말법의 비구가 겨우 계율이나 조금 지키고 삽니다."

"거기는 대중이 얼마나 되느냐?"

"삼백 되는 곳도 있고 오백 되는 곳도 있습니다."

이번에는 무착이 문수에게 물었습니다.

"여기는 어떻게 불법을 유지하고 살아갑니까?"

"범부와 성인이 함께 살고 용과 뱀이 섞여 있다."

"대중은 얼마나 됩니까?"

"앞에도 삼삼(三三)이고 뒤에도 삼삼(三三)이다."

이것이 유명한 전삼삼후삼삼 법문이다.

다음 문수가 유리잔을 주면서 무착에게 물었다.

"남방에도 이런 것이 있는가?"

"없습니다."

"없으면 무엇을 가지고 차를 마시느냐?"

이에 대해 무착이 대답을 못했다. 해가 저물어 무착이 자고 가기를 청하자 문수가 말했다.

"그대는 집착이 있으므로 여기서 잘 수가 없다."

그러자 무착이 말했다.

"저는 집착하는 마음이 없습니다."

"그대는 계를 받은 지가 얼마나 되었느냐?"

"이십 년이 되었습니다."

"좋아하는구나. 집착이 없다니."

이렇게 말하고는 균제(均提)동자를 시켜서 무착을 쫓아내라 하였다. 무착이 균제동자와 가면서 물었다.

"아까 화상께서 전삼삼후삼삼이라고 했는데 그것이 얼마나 되는가?"

동자가

"대덕~"

하고 불러서 무착이 돌아보니 동자가

"이게 얼마나 되는가?"

하고 물었다. 무착이 돌아다보니 절에 현판이 없었다. 그래서 다시 동자에게 이 절 이름이 무엇이냐고 물었더니 동자가 손으로 금강신장의 등허리를 잡아 보이면서

"보아라!"

하였다. 금강(金剛)이란 절 문으로 들어가는데 있는 신장상을 말한다. 무착이 고개를 들어서보니 절도 보이지 않고 동자도 보이지 않았다.

제55 나옹(懶翁)의 당문구(當門句)

나옹혜근(懶翁惠勤)스님은 고려 공민왕의 왕사였다. 나옹스님이 전등록에 나오는 것은 아니나 우리나라 분이므로, 끝으로 이 스님의 법문을 소개할까 한다.

나옹이 암자에 있을 때 보각(普覺)이라고 하는 스님이 와서 저 토방 아래 섰다. 큰스님을 뵐 때는 들어오라고 해야 들어갈 수 있기 때문이다. 그때 나옹이 물었다.

"행은 지극한데 말이 지극하지 못하면 좋은 행이 될 수 없고, 말은 지극한데 행이 지극하지 못하면 좋은 말이 될 수 없다. 그러나 말도 행도 다 지극하더라도 모두 문 밖의 일이다. 어떤 것이 문에 당한 구(當門句)냐?"

보각이 토방으로 한층 올라와서

"왼쪽이나 오른쪽이나 중간에 떨어지지 않고 섰습니다."

하자, 나옹이 다시

"그러면 어떤 것이 문으로 들어오는 구(入門句)냐?"

당문은 아직 들어오지 않고 문에 있는 자이고, 입문은 문에 들어온 자입니다. 보각이

"들어왔으나 도리어 올 때와 같습니다.(入而還同來)"

대답했다. 나옹이 다시

"그러면 어떤 것이 문 안의 구(門內句)냐?"

하니 보각이

"안팎이 다 본래 공한데 가운데인들 어찌 설 수가 있겠습니까?"

이것을 삼구(三句) 법문이라 한다.

문에 들어가는 한 마디를 분명히 말하라.
문에 당면한 한 마디를 무어라 할 것이며
문 안의 한 마디는 무어라 할 것인가.

또 세 마디 법문을 하신 적이 있다.

산은 어찌하여 묏부리에서 그치고
물은 어찌하여 개울을 이루며
밥은 어찌하여 흰 쌀로 짓는가.

제56 이뭣고(是甚麼)

전등록이나 염송에 있는 법문을 다 하려면 한정이 없다. 시간
이 없으니 여기 대강 모아 놓은 것으로 조사스님들의 이야기는
이만 마치고, 지금 '이뭣고' 화두에 대해서 한 마디 하겠다.
'이뭣고'는 우리나라에서 가장 유명한 화두이고, 많은 사람들이
이것을 들고 정진 중에 있는 것으로 안다. 항상 법문을 들어서
아는 이들은, '뭐긴 뭐야, 마음이지' 하고 얼른 생각해버리기 때
문에 '이 무엇인고?' 하고 진정한 의심을 붙이려 하지 못한다. 쉽
다고 하면 쉽지만 그렇게 쉬운 것은 아니다.

이 화두는 남악회양선사가 육조한테 갔을 때 육조가
"이 무슨 물건이 이렇게 왔는고?"
하고 물었는데, 이것을 몰라서 8년이나 찾았다고 한다. 평범한

속인이라면,

"몸뚱이가 이렇게 왔지 무엇이 왔겠소?"

대답할 테지만, 공부를 좀 한 사람은 그렇게 대답하지는 않는다. 몸뚱이라는 것은 심부름꾼에 불과하기 때문이다. 주인이 하자는 대로 일어나거라 하면 일어나고, 앉았거라 하면 앉았고, 가거라 하면 간다. 그러므로 명령하는 놈이 어떤 놈인지는 모르되 몸뚱이가 주인이 아닌 것은 분명하다. 그렇다면 이것이 무엇일까?

조금 더 이 법문을 듣고 공부를 해본 사람은 마음이 왔지 무엇이 왔느냐고 할 테지만, 마음이라고 해도 맞지 않다. 이 무엇인고 하는 것은, 눈도 귀도 코도 입도 없기 때문이다. 쫓으면 숨고 찾으면 못 보는 것, 한 번 생겨나서는 길이 멸하지 않는 것이 이것이다. 이것의 정체를 잡았습니까? 이것이 하는 사업이라면, 마치 무대 위의 배우가 춤도 추고 노래도 하고 울고 웃고 하는 것과 같다.

여러분이 매일 하는 것도 이것이 하는 것이다. 두 손을 모두어 향도 사르고 합장도 하고 때로는 바위처럼 부동삼매에 들기도 한다. 이름도 제 이름도 아니지만, 누구라도 부르기만 하면 대답하는 것, 하늘도 땅도 사람도 모두 여기에서 나왔다. 이제사 우주선을 타고 달나라 간다고 떠들썩하지만, 허공이 생긴 때부터 우주선도 없이 달나라를 하루 몇 번이고 오가는, 그림자 없는 그 실물이 있다고 한다면 아마 안 믿겠지요. 그러나 여러분이 안 믿는다고 해서 없는 것은 아니니, 생각으로써 생각이 다한 밑바닥까지 고요히 눈을 뜨고 바로 들여다보아야 한다. 찬란한 금성이 빛날 때까지 말이다.

　다음 관심론과 혈맥론은 달마대사의 어록이다. 관심론은 마음을 관함으로서 성불하는 방법을 제시한 것이고, 혈맥론은 기혈이 막힌 곳을 뚫어준 침뜸과 같다.

관심론(觀心論)

혜가가 물었다.

"불도를 구하는 사람이 있다면 어떤 법을 닦아야 합니까?"

"마음을 관하는 하나의 법이 가장 중요하다."

"하나의 법이 어떻게 모든 법을 포함합니까?"

"마음이란 만법의 근본이므로, 모든 법이 오직 마음에서 생겨난다. 그러니 마음만 알면 만행(萬行)을 다 갖춘다. 마치 큰 나무에 잔가지와 굵은 가지와 꽃과 열매가 모두 뿌리를 바탕으로 해서 있는데, 나무를 가꾸는 이는 뿌리를 남겨 살리겠지만 나무를 베는 자는 뿌리를 제거해서 반드시 죽이는 것과 같다. 마찬가지로 마음을 알고서 도를 닦으면 공을 적게 들여도 쉽게 성취하겠지만 마음을 알지 못하고 도를 닦으면 공을 들여도 이익은 없다. 그러므로 모든 선악이 자기 마음에서 비롯함을 알아야 하니 마음 바깥에서 따로 찾으면 끝내 옳지 못하다."

"어떻게 마음을 관하는 것입니까?"

"큰 보살이 반야바라밀다를 행할 때 4대와 5온이 본래 공(空)하여 무아(無我)임을 깨달으면 자기 마음에서 일으키는 작용에 두 가지 차이가 있음을 분명히 본다. 첫째는 깨끗한 마음(淨心)이며, 둘째는 더러운 마음(染心)이다. 깨끗한 마음이란 무루(無漏)인 진여(眞如)의 마음이며, 더러운 마음이란 유루(有漏)인 무명(無明)의 마음이다. 이 두가지 마음이 자연히 본래적으로 함께 갖추어져 있는 것이지. 연(緣)이 모인다고 해서 서로가 서로를 생하지 않는다.

십지경(十地經)에 '중생의 몸 안에 금강(金剛) 같은 불성이 있어서 그 체(體)가 밝고 원만하고 끝없이 넓건만, 5음(陰)이라는 먹구름에 덮여 있기 때문에 병 속에 켜둔 등불같이 빛이 나타나지를 못한다' 하였고, 열반경(涅槃經)에는 '모든 중생에게 불성이 있으나 무명에 가려 있기 때문에 해탈을 하지 못한다'고 하였다.

"무명의 마음과 모든 악에게는 무엇이 뿌리가 됩니까?"

"무명의 마음에는 팔만사천 번뇌와 정욕(情欲)과 항하의 모래알만큼 한량없는 악이 있지만, 요점만 말하자면 그 모두가 삼독(三毒)에 근본을 두고 있는데, 삼독이란 탐·진·치(貪·瞋·痴)를 말한다. 독이 되는 이 세 가지 마음에는 본래부터 모든 악이 갖추어져 있다. 마치 큰 나무에 뿌리는 하나지만 거기서 가지와 잎이 수없이 많이 나오듯이. 저 삼독의 뿌리 하나하나에서 생기는 악업은 그보다 백천만억 배나 되어 비유할 수조차 없다. 이러한 삼독은 하나의 본체에서 세 가지 독이 되었는데, 만일 6근(根)을 따라 나타나면 그것을 6적(賊)이 되어 여섯 가지 분별심을 일으킨다. 이 6식이 모두 근(六根)에 드나듦으로 해서 만가지 경계에 탐착하여 드디어는 악업을 이룬다."

"삼독과 육적이 끝없이 넓은데, 마음 관하는 하나의 법으로 어떻게 저 끝없는 고통을 다 면할 수 있습니까?"

"삼계의 업보는 예외없이 마음에서 생기는 것이므로 마음을 알면 삼계에 있으면서 삼계를 벗어날 수 있기 때문이다."

"어떻게 해서 업의 경중에 따라 여섯 가지로 나뉩니까?"

"어떤 중생이 바로 원인(正因)을 알지 못한 채 미혹한 마음으로 선(善)을 닦으면 삼계를 벗어나지 못하고, 세 갈래 가벼운 길(三輕趣)에 태어난다. 미혹한 채 10선(善)을 닦아서 망녕되이 쾌락을 구하면 탐(貪)의 세계를 벗어나지 못해 천취(天趣)에 태어나고, 미혹한 채 5계(戒)를 지켜 망녕되이 증애(憎愛)를 일으키면 진(嗔)의 세계를 벗어나지 못해 인취(人趣)에 태어나고, 미혹한 채 유위(有爲)에 집착하여 삿된 도를 믿어서 복을 구하면 지(癡)의 세계를 벗어나지 못해 수라취(修羅趣)에 태어난다. 또 삼독의 마음을 제멋대로 부려서 악업만 지으면 3악도에 떨어진다. 탐내는 업이 무거운 자는 아귀(餓鬼)가 되고, 성내는 업이 무거운 자는 지옥(地獄)의 길에 떨어지고, 어리석은 업이 무거운 자는 축생(畜生)의 길에 떨어진다.

이 세 가지 무거운 길에다가 앞에서 든 세 가지 가벼운 길을 합해서 6도세계라 한다. 그러므로 악업이 모두 마음에서 생긴 것인 줄 알겠으니, 마음을 잘 거두어들여 모든 사악함을 떠난다면 6도 윤회의 세계에서 벗어날 수 있다.

"부처님께서 말하기를, 내가 아승지겁 동안 한량없이 고행을 닦아 불도를 이루었다고 하셨는데, 지금은 어째서 삼독만 없애면 해탈한다고 하십니까?"

"아승지란 삼독의 마음을 가리킨 것이니, 중국말로는 '셀 수 없는 불가수(不可數)다. 이 마음에는 항하의 모래알만큼 많은 나쁜 생각이 있고, 그 한 생각마다 한 겁이 있다. 항하의 모래라는 것은 셀 수 없다는 뜻으로서, 삼독의 나쁜 생각이 모래알만큼 많기 때문에 그렇게 말한다. 진여(眞如)의 성품이 이미 삼독에 덮여 있으니 항하의 모래알만큼 많은 저 악념(惡念)을 뛰어넘지 않으면 어찌 해탈이라 할 수 있겠는가. 지금 탐·진·치 등 삼독심을 없앤다면 삼대아승지겁을 뛰어넘을 것이나, 말세의 중생은 어리석고 근기가 둔해서 여래의 깊고 묘한 뜻과 삼아승지겁의 비밀한 말씀을 이해하지 못하여 티끌같이 많은 겁을 지내야 성불한다 한 것이다."

"보살마하살은 삼취정계를 지니고 육바라밀을 행해서 불도를 이룬다 하였는데요?"
"삼취정계란 삼독심을 제어한 것이니 한 가지 독을 제어함으로써 한량없는 선을 이룬다. 취(聚)란 모여 있다(會)는 뜻인데 삼독심을 제어하면 세 가지 무량한 선이 마음이 두루 모이므로 '삼취정계'라 한다. 육바라밀이란 6근을 정화하는 것이다. 인도 말로는 바라밀(波羅蜜)이라 하며, 중국 말로는 피안에 도달한다(達彼岸)고 한다. 육근이 청정하여 세간 티끌에 물들지 않으면 번뇌를 벗어나 저 언덕에 이르므로 육바라밀이라 한다."

"경의 말씀대로 삼취정계란 모든 악을 끊고 모든 선을 닦아 모든 중생을 제도하겠다고 서원하였는데요?"
"부처님께서 말씀하신 경은 진실하여 오류가 없다. 보살마하살이 과거 인행(因行) 중에 보살행을 닦을 때, 삼독을 대치하기 위해 세 가지 서원을 세워 삼취정계를 지니셨다. 항상 계(戒)를 닦아 탐욕을 다스린 것은 모든 악을 끊고자 서원했기 때문이고, 항상 정(定)을 닦아 성냄을 다스린 것은 모든 선을 닦고자 서원했기 때문이고, 항상 혜(慧)를 닦아 어리석음을 다스린 것은 모든 중생을 제도하고자 서원을 세웠기 때문이다."

"경에서 육바라밀 또는 육도라 한 것은 보시·지계·인욕·정진·선정·지혜를 가리키는데, 지금 6근이 청정하면 그것을 육바라밀이라 한다고 하시니 이 또한 이해가 잘 안됩니다."

"육바라밀을 닦고자 하면 육근을 깨끗이 해야 하고, 육근을 깨끗이 하려면 먼저 6적(賊)을 항복시켜야 한다. 눈의 도적을 버리면 모든 색(色)의 경계를 떠나서 마음에 인색함이 없으므로 그것을 보시(布施)라 하고, 귀의 도적을 막으면 저 소리의 경계에 들리는 대로 끌려가지 않으므로 그것을 지계(持戒)라 한다. 코의 도적을 항복시키면 좋은 냄새와 나쁜 냄새가 동등해져서 자재하게 조절할 수 있으므로 그것을 인욕(忍辱)이라 한다. 혀의 도적을 제압하면 삿된 맛에 빠지지 않을 뿐더러 입으로는 싫증과 피로를 내지 않고 불법을 찬탄하고 강설하므로 그것을 정진(精進)이라 한다. 몸의 도적을 굴복시키면 접촉하고자 하는 욕망에 대해 움직임 없이 담담하므로 그것을 선정(禪定)이라 한다. 뜻의 도적을 조복(調伏)하면 무명을 따르지 않고 항상 깨달음의 지혜를 닦아 온갖 공덕을 즐기므로 그것을 지혜(智慧)라 한다."

"부처님께서 옛날 보살로 있을 때 서말 여섯 되의 우유죽을 드시고서야 불도를 이루었다 하였는데, 이것은 무슨 뜻입니까?"

"부처님께서 드셨다는 우유는 깨끗하지 못한 세간의 우유가 아니라 청정한 진여의 법유(法乳)이다. 서말은 삼취정계를 뜻하고 여섯되는 육바라밀을 뜻한다."

"경에서는 중생들에게 불보살의 가람을 짓거나 불보살의 상을 조성하고 그리거나 향을 사르거나 꽃을 뿌리거나 장명등(長明燈)을 밝히거나 밤낮으로 여섯번 도를 행하고 예불하고 재(齋)를 지키는 등 갖가지 공덕을 닦아야 불도를 이룬다고 했는데요."

"모든 중생들이 근기가 둔하고 열등하여 깊은 이치를 깨닫지 못하기 때문에 부처님께서 유위(有爲)의 일(事)을 빌려 무위(無爲)의 이치(理)를 비유하셨다.

가람(伽藍)이란 '깨끗한 곳(淸淨處)'이니 삼독(三毒)을 영원히 제거하여 육근(六根)을 항상 깨끗하게 하며, 몸과 마음이 담담하여 안과 밖이 청정하면 이것을 두고 가람을 짓는다고 한다.

또 불상을 조성하거나 그린다는 것은 일체 중생이 불도를 구하는 행으로서, 모든 깨달음의 행을 닦되 여래의 참모습이나 묘한 모습을 상(像)을 통해 구현하는 것이다. 그러니 그것을 두고 어찌 금이나 구리로 만들었다고 하겠는가. 그러므로 해탈을 구하는 자는 몸으로 용광로를 삼고, 법으로 불을 삼고, 지혜로 장인(匠人)을 삼고, 삼취정계와 육바라밀로 거푸집(模樣)을 삼아 몸속의 진여불성을 제련하여 일체 계율이라는 거푸집 속으로 다 쏟아부어서 가르침대로 하나도 빠짐없이 받들어 행하면 여래의 참모습은 자연히 성취될 것이다. 이렇게 하면 소위 '끝끝내 상주(常住)하는 미묘한 법신, 무너지고 파괴되는 유위의 법이 아니라'한 것이다. 어떤 사람이 여래의 참모습을 조성하거나 그릴 줄 모르고서 도를 구한다면 무엇을 가지고 공덕을 이룬다고 함부로 말하겠는가.

향(香)을 사른다고 하는 것도 세간의 유위(有爲) 향이 아니라 무위(無爲) 정법(正法)의 향을 말한다. 이 향은 온갖 더러운 것에 냄새를 쏘여서 무명의 악업을 끊어 다 소멸시킨다. 정법의 향에는 다섯 가지가 있다. 첫째는 계향(戒香)으로서 모든 악을 끊고 모든 선을 닦는 것이다. 둘째는 정향(定香)으로서 대승을 깊이 믿어 물러나는 마음이 없는 것이다. 셋째는 혜향(慧香)으로서 몸과 마음을 안과 밖에서 항상 관찰하는 것이다. 넷째는 해탈향이니 6근 6경 6식에서 대자유를 얻는 것이다. 다섯째는 해탈지견향(解脫知見香)으로서 각찰(覺察)하는 작용이 항상 밝아서 통달하여 걸림이 없는 것이다.

이상의 다섯 가지 향을 최상의 향이라 하니 세간의 향으로는 견줄 수 없다. 부처님께서 세상에 계실 때 제자들에게 지혜의 불로 값을 매길 수 없는 보배향을 사루어 시방의 모든 여래께 공양하라 하셨다.

또 꽃을 뿌린다는 것 역시 같은 뜻이다. 정법(正法)을 연설하는 공덕의 꽃을 뿌려서 유정(有情)들을 이롭게 하고, 모든 진여의 성품을 다스려 널리 장엄하는 것을 말한다. 이 공덕의 꽃은 끝끝내 상주하여 시들거나 떨어지지 않는다.

또 장명등(長明燈)은 정각심(正覺心)이니, 깨닫는 지혜가 명료하다고 해서 등불(燈)에 비유한 것이다. 그러므로 해탈을 구하는 자는 누구나 항상 몸으로 받침을 삼고, 마음으로 등잔을 삼고, 믿음으로 심지를 삼고, 갖가지 계행을 더해 기름을 대고, 지혜의 명달(明達)함으로 빛을 삼아서 항상 이러한 깨달음의 등을 켜서 모든 무명의 어리석음을 비추어야 한다. 이런 법으로 더더욱 깨달으면 등 하나로 백천 등을 켜서 등과 등이 계속 밝게 이어져 다함이 없기에, 이를 '오래도록 밝은 등, 즉 장명등(長明燈)'이라 한다. 과거의 부처 중에 연등불(燃燈佛)이라는 분이 계셨는데, 그 이름도 이런 뜻이다.

또 여섯 차례 도를 행한다는 것(六時行道)은 6근 안에서 항상 불도를 행하는 것을 말한다. 불(佛)이란 깨달음을 뜻한다. 때마다 갖가지 깨닫는 행을 닦아서 육근을 조복받아 육정(六情)을 청정히 하여 오래도록 놓지 않으므로 '여섯 차례 도를 행한다'고 하였다. 탑(塔)이란 몸과 마음을 뜻하니 항상 각혜(覺慧)로 하여금 몸과 마음을 살피는 것이다.

"그러므로 계를 지키는 이가 그 뜻을 알아야지 이치를 모르고 지키면 한갓 헛수고만 할 뿐이다. 그러므로 지재의 재(齋)는 몸과 마음을 부지런히 다스려 산란하지 않게 하는 것이고, 지(持)는 보호한다는 뜻인데, 갖가지 계행을 법대로 보호하고 지켜서 반드시 육정(六情)을 막아 삼독(三毒)을 제어하며 각찰(覺察)을 부지런히 닦아 몸과 마음을 깨끗하게 하는 것이다. 이러한 뜻을 알아야 재(齋)라고 이름할 수 있다.

또 재식(齋食)에는 다섯 가지가 있다.

첫째는 여래의 정법에 의거하여 기쁜 마음으로 봉행하는 법희식(法喜食)이다.

둘째는 안팎이 맑고 고요하며 몸과 마음이 기쁘고 즐거운 선열식(禪悅食)이다.

셋째는 마음과 입으로 동시에 항상 염불하는 염식(念識)이다.

넷째는 행주좌와에 항상 착한 서원을 행하는 원식(願識)이다.

다섯째는 마음이 항상 청정하여 세속 티끌에 물들지 않는 해탈식(解脫食)이다.

이상 다섯 가지 음식을 지니는 것을 '재식'이라 한다. 이 다섯 가지 깨끗한 음식을 먹지 않고 재를 지킨다고 자처하는 이가 있다면 옳지 못하다.

또 음식을 끊는 자가 있는데, 음식을 끊는다(斷食)는 것은 무명악업이라는 밥을 끊는다는 뜻이다. 만일 여기에 저촉되면 재를 파한 것이 되니 재를 파하고서 어찌 복을 받겠는가. 그런데 세간의 미혹한 사람은 이런 이치를 깨닫지 못하고 몸과 마음을 제멋대로 풀어놓아 갖가지 악업을 짓고 정욕을 마음대로 탐하면서도 부끄러운 줄 모른다. 그리고는 외적인 밥 덩어리를 끊는 것으로 재를 지닌다고 여기니, 어리석은 아이가 썩은 시체를 보고 목숨이 있다고 하는 것과 무엇이 다르겠는가. 전혀 옳지 못한 일이다."

"예배란 법대로 하는 행을 말한다. 반드시 이치의 체(理體)는 안에 있고 밝은 반면, 현실의 모습(事相)은 바깥에 있고 변한다. 이치는 버릴 수 없지만 현실에는 드러남과 숨음이 있다. 이러한 뜻을 알아야 법대로 한다고 할 수 있다.

예(禮)는 공경한다는 뜻이고, 배(拜)는 극복한다는 뜻이니, 참된 성품을 공경하고 무명을 굴복시키는 것이 예배이다."

"온실경(溫室經)에 많은 스님들을 목욕시켜주면 한량없는 복을 받는다 하였는데요?"

"많은 스님들을 목욕시킨다 함은 세간의 유위사를 말하는 것이 아니다. 당시 세존께서는 제자들을 위해 목욕하는 법을 수지하라는 의도에서 온실경을 설하셨는데, 목욕이라는 세간사를 빌려 진정한 종지를 비유하신 말씀으로서, 여기에는 일곱 가지 숨은 뜻이 있다. 일곱 가지 중에

첫째는 맑은 물(淨水)이고,

둘째는 불을 때는 것(燃火),

셋째는 비누(澡豆),

넷째는 양치질하는 나뭇가지(楊枝),

다섯째는 깨끗한 재(淨灰),

여섯째는 우유기름(酥膏),

일곱째는 속옷(內衣)이다.

이 일곱 가지 일로 일곱 가지 법을 비유하셨으니 모든 중생이 이 일곱 가지를 써서 목욕시키고 장엄하면 삼독무명의 더러움을 씻을 수 있다.

또 일곱 가지 법에서

첫번째는 법과 계율(法戒)을 가리킨다. 깨끗한 물이 모든 먼지와 때를 제거하듯이, 법과 계율이 허물과 잘못을 데워서 씻어내

기 때문이다.

두 번째는 지혜를 가리키니, 불을 때 깨끗한 물을 덥히듯이 지혜가 안팎을 관찰하기 때문이다.

세 번째는 분별이니 비누가 기름때를 씻어주듯이 분별이 모든 악을 가려내서 버리기 때문이다.

네번째는 진실이니, 양치질에 쓰는 나뭇가지가 입 냄새를 없애 주듯이 진실이 망령된 말을 끊기 때문이다.

다섯번째는 바른 믿음이니, 깨끗한 재로 몸을 문질러서 모든 풍병을 물리치듯이 바른 믿음이 뜻을 결정하여 잡념이 없게 하기 때문이다.

여섯번째는 호흡조절(調息)이니, 우유기름이 피부를 부드럽고도 윤택하게 하듯이, 조식이 뻣뻣하고 억센 기운을 유연하게 다스리기 때문이다.

일곱번째는 부끄러움을 아는 것(慚愧)이니, 속옷이 추한 몸을 가려주듯이 참괴가 악업을 뉘우치게 하기 때문이다. 이 일곱 가지가 모두 경 속에 비장되어 있는 속뜻이다.

그러니까 '온실(溫室)'은 다름 아닌 몸을 가리킨다. 지혜의 불로 계(戒)의 목욕탕을 덥히고 깨끗하게 하여 몸 안에 있는 진여불성을 목욕시키되 일곱가지 법을 수지(受持)하여 스스로 장엄한다는 뜻이다. 당시의 비구들은 총명하고 지혜가 날카로워 부처님의 뜻을 깨닫고 말씀대로 수행하여 공덕을 성취함으로써 성인의 과위(果位)에 모두 올랐다.

더구나 진여불성은 어떤 형체도 갖지 않고 번뇌의 때도 본래 모습이 없는데 어찌 형질이 있는 물을 떠다가 무명의 몸을 씻는가. 사실상 맞지 않는 일인데 어찌 도를 깨닫겠는가. 형질에 막히는 육신으로 청정을 얻는다고 한다면, 이 몸은 본래 탐욕 때문에 깨끗지 못한데서 나온 것이므로 악취와 더러운 것들이 이 몸 안팎을 가득 채우고 있다는 점을 항상 관찰해야 한다. 그러므로 이 몸뚱이를 씻어 깨끗하기를 구한다면 진흙을 씻는 일처럼 결코 깨끗해질 수 없다. 이런 증거로 보건대 부처님 말씀이 겉으로 씻으라는 뜻이 아님을 분명히 알 수 있다."

"경에서는 뜻을 세워 부처를 염하면 서방정토에 왕생한다고 하는데요?"

"염불은 바른 생각(正念)을 닦는 것인데, 요의(了義)를 바른 생각이라 하고 불요의(不了義)를 삿된 생각이라 한다. 바른 생각으로는 반드시 서방정토를 얻겠지만 삿된 생각으로야 어찌 거기에 이르겠는가. 불(佛)이란 깨달음이니 몸과 마음을 살펴서(覺察) 악을 일으키지 않는 자이고, 염(念)은 기억한다(憶)는 뜻으로서 계행을 항상 기억하여 잊지 않고 부지런히 닦는 것이다. 이러한 뜻을 아는 것을 정념이라 한다. 그러므로 정념이 마음에 있지, 말에 있지 않음을 알 수 있다.

통발을 가지고 고기를 잡는데 고기를 잡았으면 통발을 놓아버리듯이, 말을 빌려 뜻을 찾다가 뜻을 알았으면 말을 잊어야 한다. 이미 '부처를 생각한다(念佛)'고 이름 지은 이상, 반드시 부처를 생각하는 알맹이를 행할 일이다.

염불을 한다면서 알맹이 없이 입으로 빈 이름만 외운다면 스스로 헛 공만 들일 뿐이니 무슨 도움이 있겠는가. 외우는 것(誦)

과 생각하는 것(念)과는 개념이나 의미가 현격히 다르다. 입에
다 두는 것을 외운다 하고 마음에 두는 것을 생각한다고 한다.
생각은 마음에서 일어나는 것이므로 깨닫는 수행으로 들어가는
문이라 할 수 있다. 반면 외우는 것은 입에 소재하는 것이라 음
성이라는 상을 가지고 그 상에 집착하여 복을 구하는 것이니 결
국 옳지 않음을 알 수 있다.

그러므로 경에서 '모습이 있는 것은 모두 허망하다' 하였고, 또
'색으로 나를 보거나 음성으로 나를 찾는 자는 삿된 도를 행하는
사람이므로 여래를 볼 수 없다' 하였으니, 이로써 보건대 겉으로
드러난 모습(事相)은 참되거나 바른 것이 아니다. 그러므로 과거
모든 성인이 닦았던 공덕은 외적인 논설이 아니라 오직 마음을
논한 것임을 알 수 있다. 마음은 뭇 성인의 근원이자 만 가지 덕
의 장본인이기 때문이다."

혈맥론(血脈論)

 삼계가 번잡하게 일어났으나 모두 일심(一心)으로 돌아가니, 앞 부처와 뒷 부처가 마음으로 마음을 전하시되 문자를 세우지 않았다.

 "문자를 세우지 않으면 무엇을 가지고 마음이라 하겠습니까?"

 "지금 그대가 내게 묻는 그것이 바로 그대의 마음이고, 내가 그대에게 답하는 이것이 바로 나의 마음이다. 만약 나에게 마음이 없다면 무엇으로 그대에게 대답할 줄 알겠으며, 그대에게 마음이 없다면 무엇을 나에게 물을 줄 알겠는가? 나에게 묻는 그것이 바로 그대의 마음이다. 시작을 알 수 없는 오랜 겁 전부터 지금 이런저런 동작을 하는 모든 때와 모든 장소에 이르기까지 다 그대의 본래 마음이며 그대의 본래 부처이니, '즉심즉불(卽心卽佛)'이라는 말도 이런 뜻이다. 이 마음을 제외하고는 결코 다른 부처를 얻을 수 없으니 이 마음을 떠난 바깥에서 보리와 열반을 찾는다면 옳지 못하다.

 옛날에 선성(善星)비구가 십이부경을 다 외웠어도 성품을 보지 못했기 때문에 윤회를 벗어나지 못했다. 선성비구 같은 이도 그랬는데 요즘 사람들은 경론 서너 권 강설하고는 불법을 한다고 여기니 어리석은 사람이다. 자기 마음을 알아내지 못했다면 부질없는 문서나 외워 가지고는 도대체 쓸 곳이 없다. 그러므로 부처를 찾고자 한다면 성품을 보아야 하니 성품이 바로 부처이기 때문이다. 부처란 자유로운 사람이며, 일 없고 작위(作爲)없는 사람이다. 만일 성품을 보지 못하면 종일토록 분주하게 바깥으로 나가 부처를 찾아도 본래 찾을 수 없다. 아직 알지 못했다면, 한 물건도 얻을 것이 없다고는 하지만 선지식을 찾아뵙고 물어서 애써 찾아서 마음으로 이해하고 깨닫도록 해야 한다.

"성품을 보지는 않았지만 염불을 하거나 경을 외거나 보시를 하거나 계를 지키거나 정진을 해서 널리 복을 지으면 성불할 수 있지 않겠습니까?"
"못한다. 왜냐하면 조금이라도 얻은 법이 있으면 그것은 유위법이기 때문이다."

"어느 때든 갖가지로 움직이는 이것이 다 본심이라고 한다면 색신(色身)이 죽었을 때는 어째서 본심(本心)을 보지 못합니까?"
"본심을 항상 나타나 있지만 그대 스스로 보지 못할 뿐이다. 그대는 꿈을 꾸어 본 적이 있는가?"
"있습니다."
"그대가 꿈을 꿀 때 그것이 그대의 본래 몸이던가?"
"본래 몸이었습니다."
"그대가 말하고 동작하던 그것이 그대와 다른 것인가 같은 것인가?"
"다르지 않습니다."
"다르지 않다면 그 몸이 바로 그대의 근본 법신일 텐데, 왜 법신이 바로 그대의 본래 마음이 아니라고 하는가."

"이 마음은 미묘하여 보기가 어렵다. 이 마음은 색이 나타나는 모습과는 다르니 이 마음이 바로 부처다. 사람들은 모두 보고자하나 그 광명 속에서 항하의 모래알만큼이나 손 놀리고, 발 놀리면서도 막상 거기에 대해서 물어보면 나무 장승같이 아무 대답도 못한다. 전부 다 자기의 작용인데 어찌서 알지 못하는가. 부처님께서 '모든 중생은 다 미혹한 사람이다. 미혹 때문에 업을 지어생사의 바다에 빠져 나오려 하나 다시 빠져 들어가니 단지 성품을 보지 못해서 그렇다'고 하셨다. 중생이 미혹하지 않다면 어째서 물었을 때 한 사람이라도 아는 자가 없는가.

그러므로 경에서 '중생의 불성이 본래 몸을 갖추고 있음을 알아야 한다'고 하였으니, 가섭(迦葉)도 본성을 깨달았을 뿐이다. 본성이 바로 마음이고 마음이 바로 본성이니, 이것이 모든 부처님들의 마음과 같다. 앞부처, 뒷부처가 오직 이 마음을 전했을 뿐, 이 마음 바깥에 얻을 부처가 없다.

경에서 '형상이 있는 것은 모두 허망하다' 하였고 또 '(이 경이) 있는 곳이면 거기에 부처가 있다'고 하였다."

"어째서 불보살에게 예배하지 말라고 하십니까?"
"천마나 파순이나 아수라 등이 신통을 부려 부처나 보살의 모습으로 나타나서 갖가지로 변화하기 때문이다.

지극한 이치는 말을 끊었는데 경전의 가르침은 말일 뿐이니 사실상 도가 아니다.

밤에 꿈에 누각이나 궁전이나 코끼리나 말의 무리, 또는 수목이나 수풀이나 연못이나 정자 등의 모습을 보면 한 생각이라도 즐겨 집착하지 말아야 한다. 그곳은 모두가 몸이 태어날 때 의탁하는 것이니 절대로 명심해야 한다. 목숨을 마칠 때 아무 상도 취하지 않으면 의혹이 없어지겠지만 잠깐이라도 마음을 일으키면 당장에 마구니 경계에 붙들린다. 법신은 본래 청정하여 받음(受)이 없지만 단지 미혹 때문에 알지도 못하고 깨닫지도 못하여 허망하게 업보를 받는다. 그리하여 즐기고 집착하는 것이 있게 되면 자유로울 수 없다. 지금이라도 본래의 신심(身心)을 찾기만 하면 물들이고 훈습하는 일이 없어진다.

성인에서 범부로 들어가 갖가지 다른 종류의 모습을 보이는 것은 스스로 중생을 위하기 때문이다. 그러므로 성인은 맞고 안 맞는 경계에 모두 자재하여 어떠한 업도 그를 얽어매지 않는다.

처음 발심한 사람은 신식(神識)이 전혀 안정되지 않았으므로 꿈속에서 이상한 경계를 자주 보게 된다. 그것은 자기 마음에서 일으킨 것이지 바깥에서 들어온 것이 아니므로 의심할 필요가 없다.
꿈에서 어두운 밤에 다니는 것처럼 깜깜하면 자기 마음에 번뇌의 장애가 무겁기 때문이니 이 역시 자기만 알고 있어야 한다.

성인은 생사 속을 자유롭게 드나들면서 정한 바 없이 숨었다 나타났다 한다. 모든 업이 그를 묶어 두지 못하며, 그는 삿된 마구니를 무찌른다.
모든 중생이 단지 본성을 보기만 하면 남은 습기가 몽땅 없어져 신령한 식이 어둡지 않으니 그 자리에서 알아버려야 한다. 진정 도를 깨닫고자 한다면 한 법에도 집착하지 말고 업을 쉬고 신식(神識)을 길러야 한다. 남은 습기가 다하면 자연히 밝아져서 힘을 들일 필요가 없기 때문이다.

10대 제자 가운데 아난은 성문 중에 제일이었다. 부처님은 식(識)이 없다. 단지 성문과 이승과 외도들에게 식을 없애주셨다. 식의 테두리에서 닦고 증득하면 인과법에 떨어지기 때문이다. 그것은 중생의 업보라 생사를 면치 못하고 부처의 뜻을 등지므로 부처를 비방하는 중생이니 죽여도 죄가 되지 않는다.

경에서도 '천제(闡提)는 믿음을 내지 않으니 죽여도 죄가 되지 않는다' 하였으니 믿음만 있다면 부처의 지위에 있는 사람이다. 그러나 성품을 보지 못했다면 다른 차선책을 쓸 필요가 없다. 다른 선량한 이를 비방하지 말아야 하니 자기를 속일 뿐 아무 이익이 없다. 선악이 뚜렷하고 인과가 분명하니 천당과 지옥이 단지 눈앞에 있다.

"속인은 처자가 있어서 음욕(婬慾)을 없애지 못했는데, 어떻게 성불할 수 있겠습니까?"

"견성만을 말할 뿐, 음욕은 말하지 않는다. 성품을 보기만 한다면 음욕이 본래 공적해서 끊어 없앨 필요도 없고 즐기고 집착할 것도 없다. 설사 습기(習氣)가 남았더라도 해가 되지는 않는다. 왜냐하면 성품이 본래 청정하기 때문이다."

"전다라는 살생을 해서 업을 짓는데 어떻게 성불할 수 있습니까?"

"견성만을 말할 뿐 업을 짓는 것은 말하지 않는다. 설사 업을 짓더라도 미혹한 사람과는 달라서 어떤 업도 그를 얽어맬 수 없다. 시작 없는 큰 겁 전으로부터 단지 성품을 보지 못했기 때문에 지옥에 떨어지니, 업을 지었기 때문에 생사에 윤회하지만 본성을 깨닫고부터는 끝내 업을 짓지 않는다.

갖가지로 움직이는 신령한 각성(覺性)을 알면 그대가 바로 모든 부처의 마음이다. 앞 부처와 뒷 부처가 오직 마음 전하는 법을 말씀하셨을 뿐 다른 법은 없으니, 이 마음을 알면 한 글자도 모르는 범부라 해도 역시 부처이다.

이 마음은 사대로 된 색신을 떠나 있지 않으니 이 마음을 떠나서는 움직이는 능력도 없다. 이 육신은 풀이나 나무나 기와나 자갈과 같이 앎이 없다. 몸은 알음알이(情)가 없으니 무엇을 의지해서 운동을 하겠는가. 만일 자기 마음을 의지해서 운동한다면 말하고 움직이고 보고 듣고 느끼고 아는 모든 것이 마음의 움직임이며 작용의 움직임이다. 움직임이란 마음의 움직임이며 움직이는 그대로가 작용이니 움직이고 작용하는 바깥에 마음이 없고 마음 바깥에는 움직임이 없다. 움직임은 마음이 아니고 마음은 움직임이 아니니 움직임에는 본래 마음이 없고 마음에는 본래 움직임이 없기 때문이다."

이것이 혈맥론 내용이다. 그러니까 견문각지하는 작용은 독자적인 체가 있는 것이 아니므로 공하다는 것이다. 공한 자리는 말도 사유도 붙을 수가 없다. 이런 사실을 알아서 집착을 내지 않는다면 견성해서 해탈을 할 것이다. 이 법에서는 견성이 가장 중요하다는 점을 기억하시라. 여기에 혈맥론 강의를 마친다.

　다음은 신심명(信心銘)이다. 신심명은 3조 승찬대사가 지은 것이다.

달마대사

신심명(信心銘)

지극한 도는 어렵지 않네. 버릴 것은 오직 간택일뿐
밉다 곱다 마음 없으면 툭 트여 명백하리라.

털끝만한 차별이 있어도 하늘 땅처럼 벌어지나니
참 나가 나타나려면 순(順)도 역(逆)도 두지 마라.
어긋난다 맞는다 시비하면 이것이 마음의 병이니
깊은 뜻을 모르면 생각을 가라앉힌다 해도 소용이 없다.

허공처럼 원융하여 남고 모자람 없건만
취사심 때문에 허공 같지 못하도다.
인연을 쫓지도 말고 적멸에도 빠지지 않아서
한 가지 그대로만 지나면 헛것은 스스로 다하리라.

움직임을 쉬어서 그침으로 돌아가면 그침이 다시 움직임이나
오직 양쪽 가에 머물면 어찌 한 가지임을 알 수 있으리오.
한 가지를 통하지 못하면 양쪽에서 다 공(功)을 잃으리니
유(有)를 버리면 유에 빠지고 공(空)을 따르면 공을 등진다.
말이 많고 생각이 많으면 더욱 상응치 못하고
말과 생각이 끊어지면 통하지 않는 곳이 없으리라.

근원에 돌아가면 본뜻을 얻고
비춤을 따르면 종취(宗趣)를 잃나니
잠깐 사이에 반조(返照)하면 앞의 공(空)보다 뛰어나리라.

앞의 공이 전변하는 것은 모두 망령된 생각 때문이니
참을 구하려 들지 말고 다만 분별심을 쉬어라.
양쪽 견해에 머물지도 말고 찾으려고도 하지 말지니
조그만 시비라도 일으키면 어지러히 본심을 잃으리라.

둘은 하나 때문에 있는 것이니 하나마저도 지키지 마라.
한 마음이 나지 않으면 만법이 허물이 없도다.
허물 없으면 법이 없고 나지 않으면 마음이랄 것도 없으니
마음(能)은 경계 따라 없어지고
경계(境)는 마음 쫓아 잠기느니라.

경계는 마음을 말미암아 나타난 경계요,
마음은 경계를 말미암아 나타난 마음이니
두 가지를 알고자 한다면 본래 하나의 공(空)임을 알아라.

한 공이 그 두 가지와 같아서 삼라만상을 다 포함하니
가늘고 지친 것에 구분 없으면 어찌 치우침이 있으리오.

큰 도는 바탕이 넓고 커서 쉽고 어려울 것 없지만
좁은 소견에 의심을 내어 서두르면 도리어 늦어진다.
붙들고 있으면 척도를 잃어 반드시 삿된 길에 들고

놓으면 그대로가 본성이라 자체에 가고 머묾이 없도다.

성품에 맡겨 도에 합치하면 일 없는 듯 번뇌 끊기고
망념에 매여 참뜻 어기면 혼침(惛沈)에 잠겨서 좋지 않다.
좋지 않으면 정신이 번뇌로우니 무슨 친소(親疏)를 따지리오.

일승(一乘)으로 나아가려면 육진(六塵)을 미워하지 말지니
육진을 싫어하지 않으면 도리어 깨침과 같아진다.

지혜로운 자는 함이 없건만
어리석은 자는 스스로를 얽어맨다.
법에 딴 법이 없건만 망령되이 스스로 애착하여
마음으로 마음을 쓰니 어찌 그릇되지 않으랴.

미혹하면 열반과 생사가 있고 깨치면 좋고 궂음이 없나니
둘로 갈라지는 일체 분별은
망령되이 재고 따지는데서 비롯된다.

몽환이며 공화(空華)인 것을 어찌 애써 붙들려는가.
얻고 잃음과 옳고 그름을 한꺼번에 놓아버려라.

눈에 잠이 없으면 모든 꿈은 저절로 사라지고
마음이 다르지 않으면 만법이 한 가지로 여여하니라.
일여(一如)는 바탕이 현묘하여 모든 인연을 잊었으니
만법을 평등히 관찰하면 본래 그러한 곳에 돌아가리라.

모든 까닭이 없어져서 무엇에 비교할 수도 없으니
그치면서 움직여 움직임이 없고
움직이면서 그쳐 그침도 없다.
두 가지가 이미 성립되지 않는데 하나인들 어찌 있겠는가
마지막 다한 이치는 일정한 법칙이 없느니라.

마음에 계합하여 평등케 되는 능소(能所)가 다 끊어지고
의심이 다해 없어지면 바른 믿음이 고루 곧게 되느니라.
모든 것은 머물러 있지 않으니 기억할 아무것도 없으며
허허로이 밝아 스스로 비추나니 마음 쓸 일 아니로다.

사량으로 미칠 바 아니라 정식(情識)으로 헤아릴 수 없나니
진여(眞如)인 법계(法界)에는 남도 없고 나도 없느니라.
급히 상응코자 하거든 둘 없는 이치를 말할 뿐이니
둘 아님은 모두가 하나라 포용치 않는 것이 없도다.

시방의 모든 성현들이 다 이 종취로 들어오나니
종취는 빠르고 느림 없어서 한 생각이 만년이로다.
유무가 따로 없어서 시방이 눈앞에 펼쳐졌도다.

아주 작은 것은 큰 것과 같아서 경계를 알 수 없고
아주 큰 것은 작은 것과 같아서 그 끝을 볼 수 없다.
있는 것이 곧 없는 것이요 없는 것이 곧 있는 것이니
이와 같지 않은 것이라면 지킬 바가 아니로다.

하나가 곧 일체요 일체가 곧 하나이니
이렇게만 된다면 일을 끝내지 못할까 무엇을 걱정하리오.
신심(信心)은 둘이 아니니, 둘이 아닌 신심은
말 길이 끊어지고 삼세가 아니로다.

다음은 수심결이다. 수심결은 우리나라 고려 때 보조국사가 지은 책이다.

수심결(修心訣)

　삼계의 뜨거운 번뇌가 불난 집과 같은데, 어찌 거기에 지체해서 오랜 고통을 달게 받겠는가. 윤회를 면하고자 한다면 부처를 구하는 길이 제일이니, 부처를 구하려면 마음을 찾아야 한다. 그러면 마음을 어디서 찾아야 할 것인가. 몸을 떠나서 찾지 못한다.

　색신(色身)은 거짓(假)이라 생하기도 하고 멸하기도 한다. 그러나 진심(眞心)은 허공과 같아 끊임도 없고 변함도 없다. 그러므로 "백마디 뼈는 부셔지고 흩어져서 불과 바람으로 돌아가지만 길이 신령스런 한 물건은 하늘을 덮고 땅을 덮는다" 하였다.

　슬프다. 요즘 사람들은 미혹한 지가 오래다. 자기 마음이 참 부처인 줄 알지 못하고 자기 성품이 참 법인 줄 알지 못해서, 법을 구하려고는 하나 멀리 여러 성인들에게 미루며 부처를 구하려 하면서도 제 마음을 관하지 않는다.

　마음 바깥에 부처가 있다거나 성품 밖에 법이 있다고 한다면 티끌 세월 지나도록 몸을 태우고 연비를 하고, 뼈를 부숴 골수를 뽑으며, 피를 내서 경을 베껴 쓰고, 눕지 않고 오래도록 앉으며,

하루에 한 끼만 먹고 내지 일대장교를 다 읽고 갖가지 고행을 하더라도 모래를 쪄서 밥을 짓는 것과 같아 수고로움만 더할 뿐이다. 자기 마음을 알기만 하면 항하의 모래알만큼 많은 법문과 무량한 묘의(妙義)를 구하지 않아도 얻게 된다.

그러므로 세존께서 "모든 중생을 빠짐없이 관찰해 보시고 모두가 여래의 지혜와 덕상을 갖추었다" 하시고, 또 "중생의 갖가지 환화(幻化)가 다 여래의 원각묘심(圓覺妙心)에서 나왔다" 하셨다. 이로서 보면 이 마음을 떠나서는 이룰 부처가 없다. 과거의 모든 여래도 단지 마음을 밝히신 분들이며, 현재의 모든 성현도 마음을 닦는 분들이며, 미래에 닦고 배울 이들도 이 법에 의지할 것이니, 도를 닦는 사람은 절대로 밖에서 구하지 말라. 심성(心性)은 물든 적이 없이 본래 원만히 성취된 것이니, 허망한 인연만 떠난다면 그대로 여여(如如)한 부처이다.

"불성이 현재 이 몸에 있다고 한다면, 이미 몸에 있으므로 범부를 떠나지 않았을 터인데, 어째서 나는 지금 불성을 보지 못합니까?"
"그대 몸 가운데 있건만 그대 스스로 보지 못하고 있다. 그대가 하루 12시 가운데 배고픈 줄 알고 목마른 줄 알며, 차고 더운 것을 알며, 혹 화를 내기도 하고 기꺼워하기도 하는 이것이 결국 무엇인가.

그러므로 임제(臨濟)스님이 '4대는 법을 설할 줄도 들을 줄도 모른다. 허공도 법을 설할 줄 모르고 법을 들을 줄도 모른다. 다만 네 눈앞에 역력히 홀로 밝은, 아무 형태도 없는 이것만이 비로소 법을 설할 줄도 알고 법을 들을 줄도 안다. 이것이 모든 부처의 법인(法印)이며 너의 마음이다' 하셨다. 이로써 보면 불성이 지금 그대 몸에 있거늘 어찌 밖에서 구할 필요가 있는가."

옛적에 이견왕(異見王)이 바라제(婆羅提)존자에게 물었다.
"어떤 것이 부처입니까?"
"불성을 보는 것이 부처입니다."
"그러면 스님께선 불성을 보셨습니까?"
"나는 불성을 보았습니다."
"불성이 어디에 있습니까?"
"불성은 작용하는데 있습니다."
"어떻게 작용 하길래 나는 보지 못합니까?"
"지금도 작용하건만 왕께서 스스로 보지 못할 뿐입니다."
"나에게도 있습니까?"
"왕께서 그것을 쓰신다면 그것 아닌 것이 없겠으나 왕께서 그것을 쓰지 않으면 제모습도 보기 어렵습니다."
"작용을 할 때에는 몇 군데나 나타납니까?"
"출현할 때에는 여덟 군데로 나타납니다."
"출현하는 여덟 군데를 나를 위해 말해주소서."
"태(胎) 속에 있을 때는 몸이라 하고, 이 세상에 나오면 사람이라 하며, 눈에 있을 때는 보고, 귀에 있을 때는 들으며, 코에 있을 때는 냄새를 맡고, 혀에 있을 때는 이야기를 하며, 손에 있을 때는 잡고, 발에 있을 때는 움직여 다닙니다. 두루 펼치면 항하의 모래만큼 많은 세계를 다 꾸리고 거두어들이면 한 티끌 속에 들어가나니, 아는 사람은 이것을 불성이라 하지만 모르는 이는 정혼(精魂)이라 부릅니다."

왕이 듣고 나서 즉시 마음이 열렸다.

또 어떤 스님이 귀종(歸宗)화상에게 물었다.

"어떤 것이 부처입니까?"

"내가 지금 너에게 말해주려 하나 네가 믿지 않을까 걱정이다."

"화상의 진실한 말씀을 어찌 감히 믿지 않겠습니까?"

"네가 바로 부처다."

"어떻게 보림(保任)해야 합니까?"

"눈병이 한 번 눈에 들면 허공 꽃(空花)이 어지럽게 떨어지는 것같이 하라."

이로서 보면 옛 성인들이 도에 들어간 인연은 명백하고 간이하다.

"스님께서 견성했다면 바로 성인이 된 것이니 그렇다면 다른 사람들과는 달리 신통변화를 한 번 나타내 보십시오."

"신통변화는 성말변사(聖末邊事)다. 도에 들어가는 문은 둘이 있으니 하나는 돈오(頓悟)요 하나는 점수(漸修)다. 돈오돈수(頓悟頓修)를 최상근기가 깨달아 들어가는 문이라고는 하나, 과거까지 따져 보면 이미 여러 생 동안 깨달음에 의해 수행을 해서 점점 몸에 베이게 익혀(熏習) 왔기 때문에 금생에 와서 듣자마자 깨달아 단 한 번에 끝낸 것이다. 그러므로 사실대로 논하자면 이것도 먼저 깨달은 뒤에 닦는 근기이다."

그러므로 규봉(圭峯)스님이 '먼저 깨달은 뒤에 닦는' 이치를 다음과 같이 설명했다.

'언 연못이 전부가 물인 줄은 알지만 태양의 기운을 빌려야 녹일 수 있듯이, 범부가 바로 부처인 줄은 깨달았으나 법력을 의지해야 닦아 익힐 수 있다. 얼음이 녹으면 물이 흘러서 논에 물을 대거나 무엇을 씻는 작용이 드러나듯이, 허망이 다하면 마음이 신령하게 통해서 신통광명의 작용을 나타낼 수 있다.'

그러므로 현실적(事)인 신통변화는 하루 만에 이루어지는 것이 아니라 점차 닦아 익히는 데서 발현되는 것임을 알 수 있다. 하물며 현실적인 신통은 깨달은 사람의 입장에서는 오히려 요망하고 괴상한 짓이며, 성인에게는 말단적인 일이라, 혹 나타나는 일이 있더라도 쓰지 않는다."

"그대가 돈오와 점수 두 문이 천 성인의 궤철이라 했는데, 깨달을 때 이미 단박에 깨닫는다면 어째서 점수에 의지할 필요가 있으며, 닦을 때는 점점 닦는다면 어째서 단박에 깨닫는다고 합니까?"

"돈오라고 하는 것은 범부가 미혹할 때는 4대를 몸이라 여기고 망상(妄想)을 마음이라 여겨 자기 성품이 진짜 법신(法身)인 줄을 모르고 자기의 신령한 암(靈知)이 진짜부처인 줄을 모른 채 밖으로 부처를 찾느라 파도에 떠밀려다니듯 하다가, 갑자기 선지식이 들어가는 길을 가르쳐주면 한 생각 돌려서 자기본성을 보게 되는데, 이 성품 자리에는 원래 번뇌가 없고 무루(無漏)의 지혜 성품이 본래 구족해 있어서 부처와 털끝만큼도 다르지 않음을 보기 때문에 이것을 '돈오'라고 한다.

점수는 본성이 부처와 다름없음을 깨닫기는 했으나 비롯 없는 때로부터 쌓아온 습기(習氣)는 갑자기 한 번에 없애기 어려우므로 깨달음에 의지해서 수행하여 점점 공(功)이 성취되고, 성인(聖人)의 태(胎)를 길러서 오래 지나야 성인이 되기 때문에 이것을 '점수'라 한다. 마치 갓난아기가 처음 태어났을 때부터 모든 근(根)이 갖추어 있어서 남다를 바 없으나 힘이 충분하지 못하다가 많은 세월을 지내고 나서야 비로소 어른이 되는 것과 같다."

"어떤 방편을 써야 한 생각에 마음을 돌려 자기 성품을 깨달을 수 있겠습니까?"

"그대 자신의 마음일 뿐인데 무슨 방편을 다시 쓴단 말인가? 방편을 써서 알려고 한다면, 자기 눈이 보이지 않는다고 자기 눈이 없는 줄 알고서 다시 눈을 보려하는 자와 같다. 이미 자기 눈인데 어떻게 다시 보겠는가? 잃지 않았음을 안다면 그것이 바로 눈을 본 것이라, 다시 보겠다는 마음이 없으니 어찌 보이지 않는다는 생각이 있겠는가."

"근기가 가장 높은 사람은 듣는 즉시 쉽게 알겠지만, 중하의 근기는 의혹이 없지 않습니다."

"도는 알고 모르는데 속하지 않으니, '그대는 지금은 미련하므로 깨달음을 기대한다'는 마음을 버리고 나의 말을 들으라. 모든 법은 꿈같고 허깨비 같다. 그러므로 망념이란 본래 공적하고 티끌경계도 본래 공하다. 모든 법이 공한 그곳에 신령한 앎이 어둡지(昧) 않으니 공적영지(空寂靈知)라는 이 마음이 바로 그대의 본래면목이며, 삼세 제불과 역대 조사와 천하 선지식이 비밀히 전하는 법인(法印)이다. 이 마음을 깨달으면 진실로 단계를 밟지 않고 지름길로 부처의 지위에 올라서 걸음걸음 삼계를 뛰어넘고 집에 돌아가 의심을 단번에 끊을 것이다."

"저 자신에 있어서는 무엇이 공적영지(空寂靈知)의 마음입니까?"

"그대가 지금 내게 묻고 있는 그것이 공적영지의 마음이다. 아침부터 저녁까지 하루 온종일 보고 듣고 웃고 말하고 성내고 기뻐하고 옳다 그르다 하며 갖가지로 움직이는데, 말해 보라. 결국 누가 그렇게 움직이고 있는지?"

"만약 움직이는 것이 색신(色身)이라고 한다면, 방금 목숨이 끊어져서 아직 썩지 않은 사람이 눈으로는 보지 못하고 귀로는 듣지 못하며, 코로는 냄새를 가려내지 못하고 혀로는 말하지 못하며, 몸으로는 까딱하지 못하고 손으로는 잡지 못하며, 발로는 다니지 못하는 까닭이 무엇인가? 그러므로 보고 듣고 동작을 할 수 있는 능력은 필시 그대의 본심에 있지 그대의 색신에 있는 것이 아님을 알 수 있다. 하물며 이 색신을 이루고 있는 사대(四大)는 성품이 공한 것이어서 거울 속의 영상이나 물속의 달과 같은데, 그것이 어떻게 항상 확실히 알고 분명하여 어둡지 않으며 느끼는 대로 통하며 항하의 모래알 같은 묘한 작용을 해낼 수 있단 말인가? 그러므로 '신통과 묘용이 물 긷고 땔감 나르는 것'이라고 한 것이다.

이치에 들어가는 길에는 여러 갈래가 있으나 그대에게 한 가지 문(門)만을 지적해서 근원으로 돌아가게 하겠다.

"그대는 까마귀와 까치가 짖는 소리를 듣는가?"

"듣습니다."

"그대는 그대의 듣는 성품을 돌이켜서 들어 보아라. 거기에도 많은 소리가 있느냐?"

"여기에 와서는 모든 소리와 모든 분별을 찾을 수 없습니다."

"매우 기특하구나. 이것이 바로 관음보살(觀音菩薩)이 진리에 들어간 방편이다."

이것이 모든 부처와 조사들의 수명이다. 이미 아무 모양도 없다면 크고 작음이 있겠는가? 이미 크고 작음이 없다면 테두리가 있겠는가? 테두리가 없기 때문에 안팎이 없고, 안팎이 없으므로 멀고 가까움이 없고, 멀고 가까움이 없으므로 이것과 저것이 없다. 이것과 저것이 없다면 가고 옴이 없고, 가고 옴이 없다면 나고 죽음이 없고, 나고 죽음이 없다면 옛날과 지금이 없다. 옛날과 지금이 없다면 미혹과 깨달음이 없고, 미혹과 깨달음이 없다면 범부와 성인이 없고, 범부와 성인이 없다면 더러움과 깨끗함이 없고, 더러움과 깨끗함이 없다면 옳고 그름이 없고, 옳고 그름이 없다면 모든 명칭과 언어를 얻을 수 없다.

이런 것이 전혀 없다면 모든 근경(根境)과 모든 망념, 나아가 갖가지 모양이나 갖가지 명언(名言)도 성립할 수 없다. 그러니 이것이 어찌 본래 공적(空寂)한 것이 아니겠으며, 본래 아무것도 없는 것이 아니겠는가. 그러나 모든 법이 공한 그곳에 신령한 앎은 어둡지 않다. 무정(無情)과는 달라서 성품 스스로가 신령하게 이해하니, 이것이 그대의 공적영지이며 그대의 청정한 심체(心體)이다.

청정하고 공적한 이 마음이 바로 삼세 모든 부처의 훌륭하고 청정하고 밝은 마음인 동시에 중생의 본원각성이기도 하니, 이 마음을 깨달아 지키는 자는 일여(一如)한 경지에 앉아서 해탈에서 요동하지 않고, 이 마음을 미혹하여 등진 자는 육취(六趣)에 왕래하면서 오랜 겁 동안 윤회하게 된다. 그러므로 '일심을 미혹해서 육취에 왕래하는 것은 가는 것이며 움직이는 것인 반면, 법계를 깨달아 일심을 회복하는 것은 오는 것이며 고요한 것이다' 하였으니, 미혹이냐 깨달음이냐에는 차이가 있지만 본원은 하나이다. 그러므로 기신론에 '법이란 중생심'이라 한 것이다.

이 마음은 성인에 있다고 해서 늘지도 않고 범부에 있다고 해서 줄지도 않는다. 그러므로 '성인의 지혜에 있어도 빛나지 않고 범부의 마음에 숨어 있어도 어둡지 않다'고 한 것이다.

그대가 이 사실을 믿어 들어간다면 의심이 당장 그칠 것이니, 장부의 뜻을 내고 참된 견해를 일으켜 그 맛을 직접 보아 스스로가 수긍하는 곳에 들어가라. 이것이 마음 닦는 사람이며 깨달아 들어가는 곳(解悟處)이다. 여기에는 더 이상의 계급이나 차례가 없기 때문에 '돈(頓)'이라 한다. 이는 '믿음(信)이라는 인(因)에서 털끝만큼도 차이 없이 모든 부처님의 과덕(果德)에 계합해야 믿음을 이룬다'고 할 것이다. 그 뒤의 일은 너무 복잡하니 따로 설명하지 않겠다. 중생은 말 속에서 분별을 일으키는 것이 병이다.

반야심경(般若心經)

마하반야(摩訶般若)

위대한 지혜, 이 넉자는 삼세제불의 골자요 역대조사의 숨통이
다. 이것이 없는 부처도 조사도 존재할 수 없기 때문이다. 그러
므로 "바라밀다심경(波羅蜜多心經)"이라 한 것이다. 바라밀다심경
은 생사의 바다를 건너가는 핵심적인 경전이라는 말이다.

불교공부의 핵심은 생사를 자재하는 것이고, 생사를 자재하는
데는 위대한 지혜가 열려야 하기 때문이다. 그래서 이것으로 이
책의 제목을 삼았다.

그러면 누가 이를 증명하였는가? 관자재보살이 이를 증명하였
다. 그래서 다음에는 증인 관자재보살이 나오는 것이다.

그러면 관자재보살은 어떻게 생사의 바다를 건너갔는가. 오온
(五蘊)이 공한 이치를 비추어 보고 일체의 고통과 액난에서 벗어
났다. 이것이 "오온개공 도일체고액(五蘊皆空 度一切苦厄)"이다.

오온은 색·수·상·행·식으로 이루어진 이 몸이고, 고통과
액난은 생사속에서 경험하는 3재(자연적인 재해, 風·水·火 재
난)과 팔난(지옥·아귀·축생·장수천·울단월·맹인·롱아·벙
어리가 되어 불법을 듣지 못하게 되는 것과, 왕난·도적·물·불

·병·사람·귀신·독충난)을 말한다.

이 몸이 없다면 무슨 재난이 따르겠는가. 그러나 이러한 고난은 죽어서 없어지는 것이 아니라 반야를 터득하여 마음이 생사고통에서 벗어나면 마침 건강한 사람이 병마의 두려움 속에서도 두려움없이 살아가는 것과 같다.

자, 이렇게 반야심경은 관세음보살과 같은 보살도를 통해 생사고통을 없애는 방법을 먼저 설하고 다음은 성문승의 대표인 사리자를 통해 그 5온이 공한 이치를 보다 구체적으로 설한다.

색과 공은 다르지 않아 색이 곧 공이고 공이 곧 색이며, 수·상·행·식도 마찬가지다. 왜냐하면 모든 법(五蘊)의 빈 모습은
① 불생불멸 : 영원성을 가지고 있고
② 불구부정 : 청정성을 가지고 있으며
③ 부증불감 : 무한한 복덕성을 가지고 있기 때문이라는
　　것이다.

그러므로 빈 마음 가운데는 색도 따로 없고 수·상·행·식도 따로 없고, 눈·귀·코·혀·몸·뜻도 따로 없어 보여지는 것, 들려지는 것, 맡고 맛보고, 부딪치고 생각하는 것(色·聲·香·味·觸·法)이 모두 빈 마음에 달려있고, 거기서 생겨나는 온갖 사상과 분별시비가 한 생각에 달려있기 때문에 밝고 어두운 세계를 만들어내는 인연법(十二因緣)과 길흉화복을 만들어 내는 인과 사제법(四諦法), 생사바다를 건너가는 6바라밀법(보시·지계·인

욕·정진·선정·지혜)이 모두 그 마음에 달려 있다고 설한 것이 "무수상행식 무안이비설신의 무색성향미촉법이며, 무안계 내지 무의식계이며, 무무명 역무무명진 내지 무노사 무고집멸도"이다.

그러나 이러한 이치를 아는 지혜는 이제 처음 생긴 것이 아니라 세계 인류가 생기기 이전부터 본래 있는 것이므로 새로 얻은 것도 아니고 없어지는 것도 아니므로 "무지역무득"이라 한 것이다.

이렇게 얻고 잃는 도리를 깨달은 보살은 이 반야를 의지하여 걸림없는 마음을 얻고 생사바다를 건너 전도몽상을 여의고 마침내 열반을 증득하였으므로 "보리살타 의반야바라밀다고 심무가애 무가애고로 무유공포 원리전도몽상 구경열반"이라 하고 3세제불도 이 반야를 의지하여 위없는 무상정등각을 이루었으므로 "삼세제불 의반야바라밀다고 득아뇩다라삼먁삼보리"라 한 것이다.

아뇩다라삼먁삼보리는 인과·인연·마음 법을 깨달은 최고의 깨달음을 말한다.
그러므로 반야심경은 대신주며, 대명주며, 무상주며, 무등등주라는 것이다.
대신주(大神呪)는 크게 신비한 주문이고
대명주(大明呪)는 크게 밝은 주문이고
무상주(無上呪)는 그 이상 높은 것이 없는 최고의 주문,
무등등주(無等等呪)는 그 무엇에도 비교할 데 없는 주문이라는 것이다.

주문은 언어 이전의 소식, 천지자연의 소리이므로 번역할 수 없다.

"아제아제 바라아제 바라승아제 보리 사바하" 하면 저절로 이 세상의 고통의 액난이 모두 소멸되게 되어 있다. 이것이 268자 반야심경이고 온갖 반야경의 골수이다.

그런데 600부 반야경 가운데서도 577번째에 해당되는 금강반야바라밀다가 상(相)이 많은 중국인과 한국 사람들 병을 잘 치료해주고 있기 때문에 중국과 한국 사람들은 금강반야바라밀경을 많이 읽는 것이다.

그렇다면 우리도 한 번 그 금강경의 대의를 들어보고 가기로 하자. 그러면 금강경에 들어가기 전 먼저 현담 한 번 듣고 가자. 십현담은 동안 안찰선사가 설한 선화(禪話)이다. 현묘한 이치를 열 가지로 나누어 설명하였기 때문에 십현담이라 한다.

십현담(十玄談)

1. 마음 도장(心印)

마음은 어떤 얼굴을 가지고 있는가.
억겁토록 한결같아 다른 빛 없으니
심인이라 불러도 벌써 헛말이 된다.

그 체는 허공과 같고
불속의 연꽃과 같아
무심이라 하여도 한 관문이 막힌다.

2. 조사의 뜻(祖意)

빈듯 하면서도 비어 있지 않으니
잘못하면 공(功)에 떨어진다.
10현들도 뜻을 밝히지 못했는데
십성인들 어찌 종지를 알겠느냐.

그물을 벗어난 고기가 물에 걸리니

머리를 돌이킨 돌말이라야 굴레를 벗어날 수 있다.
진짜 조사는 서쪽 동쪽에 있지 않다.

3. 그윽한 기(玄機)

공겁을 뛰어넘어 거두지 못하거늘
무엇 때문에 티끌에 얽매일 것인가.
묘한 체도 원래 처소가 없으니 도의 싹에는 자취가 없다.

신령한 글귀 땅(三乘)을 뛰어넘어
닦기를 요하지 않고 있으니
물 가운데 소처럼, 천성 밖에서 손짓하고 있다.

4. 티끌과는 다르다(塵異)

탁한 놈은 탁하고 맑은 놈은 맑고
번뇌 보리가 다 비어 평등하다.
뉘라서 변화의 구슬을 알아볼 것인가.
여증의 구슬은 어디 가나 빛난다.

말법이 멸한다며 툭 뛰어나오다니
3승이 어찌 이를 분별하겠는가.
대장부 원래 하늘 찌를 뜻이 없으면

여래 간 곳을 가지 않는다.

5. 교로 연설함(演敎)

3승밖에 금인은 연설하고
3세 또한 여래처럼 설한다.
처음 유·공을 말해 사람들이 집착하니
뒤에는 공도 유도 아니라 다 버렸다.

용궁에 가득찬 장경이 의원의 약방문
학수의 설법도 이치에 맞지 않다.
참되고 깨끗한 세계에서 한생각 일으키면
염부에서 벌써 8천년이나 떨어진다.

6. 고향에 돌아옴(還本)

도중에서 은방울 섬기지 않고
지팡이 짚고 고향에 돌아왔다.
구름·물 막힌데서 머물지 말고
설산 깊은 곳에서도 바삐 지나지 말라.

슬프다. 갈 때는 옥같이 곱더니
올 때는 귀밑에 서리발이 성성하구나.

손 뿌리치고 돌아와도 집에 아는 사람 없으니
이제는 한 물건도 존당에 바칠 것 없네.

7. 다시 고향을 떠나다(還鄉)

짐짓 고향에 돌아온 것도 맞지 않으니
본래 내 집에 주소가 없는 탓이다.
만년 솔길에 눈이 있고
긴자락 봉우리에 다시 구름이 끼네.

주객이 어울릴 때도 망상이고
군신이 한자리 해도 정중사(正中邪)
귀향곡을 어떻게 부를까.
명월당 앞 고목에 꽃이 피웠네.

8. 방향을 돌리다(轉位)

열반성 안이 오히려 위태로워
저잣거리 길에서 때없이 만난다.
방편으로 때묻은 옷 걸어놓고 부처라 하니
아름다운 보배로 꾸미면 무엇이라 하리…

나무장승 밤중에 신 신고 떠나고

돌계집 새벽에 모자 쓰고 돌아온다.
맑고 푸른 옷 속의 달이여
두 번 세 번 건지다보니 비로소 알겠네.

9. 생각을 돌리다(廻機)

털옷입고(말) 뿔모자 쓰고(소) 시중에 들어가니
우담바라꽃이 불속에서 피는구나.
번뇌의 바다 비가 되고 이슬 되어
무명산 위 구름이 우레가 된다.

확탕 노탕 불어서 끄고
검수도산 활을 치니
금쇠 현관에도 머물러 있지 않고
다른 길을 다니며 윤회한다.

10. 한 모습(一色)

마른나무 바위 앞에서 길 잃을 일 많아
행인이 여기 이르러 잘못 지나간다.
해오라기 눈속에 있어도 빛은 같지 않고
밝은 달 갈대꽃도 같지 않다네.

분명히 알아도 알았다 할 것 없고
지극히 현묘한 것도 꾸짖어야 안다.
그대 위치 현묘한 곡조 은근히 부르노니
공중의 달빛 움켜잡을 수 있는가.

금강경(金剛經)

금강경의 본 이름은 "금강반야바라밀경(金剛般若波羅密經)"이다. "금강"은 "반야"를 다이아몬드에 비유한 것인데, 불변(不變)·불괴(不壞)의 뜻이 있고, 이 금강반야만 얻으면 생사고통의 바다를 문제 없이 건너갈 수 있으므로 "반야바라밀경"이라 부른 것이다.

이 경은 부처님께서 성도 후 20년 사위성 기수급고독원에서 1200대중과 함께 설한 경전인데, 특히 1200대중 가운데 기수급고독원을 지은 급고독장자의 조카 수보리를 향해 설하신 것이다.

왜냐하면 수보리는 전생부터 자신의 수도를 위해서는 아라한을 증득할 정도로 위대한 견해를 얻었지만 막상 보살행을 실천하고자 하니 상(相)에 걸려 잘 되지 않으므로 그 방법을 부처님께 물은 것이다.

그래서 ① 법회인유분에서는 법회가 이루어지게 된 동기를 6하원칙(時·處·主·客·場·法)에 의하여 밝히고, 다음 ② 선현기청분에서는 수보리(善財)가 자리에서 일어나 청법하는 위의를 밝히고, 세 번째 ③ 정종분에서는 대승의 바른 뜻을 밝히고, 다음 ④ 묘행무주분으로부터 ㉜ 응화비진문까지는 대승보살의 삶의 방법(十八住位)과 의심난 일들을 27의 단(疑斷)으로 풀었다.

이제 그 골자만 간단히 간추려 보면 다음과 같다.

③ 대승정종분에서는 대승의 근본만을 밝힌 것이니 "보살이 중생들을 제도할 때는 아상·인상·중생상·수자상을 내지 말라" 하였다. 왜냐하면 남을 지도하는 사람이 자기 이력이나 족보에 빠져 중생을 업신여기고 자기자리만 지키고 앉았으면 후배가 대를 이을 수 없기 때문이다.

그리고 대승보살이 법에 머물며 집착하면 아니 되기 때문에 ④ 묘행무주분에서는 갖가지 행을 일으키되 집착하지 말고 "바라밀"을 실천하라 한 것이다. 그렇게 하면 그 복덕이 크고 넓기 때문이다.

그때 수보리가 여기서 의심을 일으킨다.

"이 세상 모든 도인들이 사실은 갖가지 복을 구해 노력하는데 거기에 집착하지 말라고 하면 재미가 없을 것 아닌가!"

그렇지만 부처님은 무주상보시의 복덕이 허공처럼 끝이 없다 하시고, 그 이치를 사실적으로 보고 깨닫게 한다.

"무릇 보여지는 모든 현상(凡所有相)은

모두 다 허망한 것이다(皆是虛妄).

만일 허망한 것을 볼 줄 아는 마음을 보는 사람은(若見諸相非相)

바로 부처를 볼 수 있다(卽見如來)."

이것이 제5 ⑤ 여리실견분이다.

그런데 그때 수보리가

"그렇게 깊은 이치를 믿을 수 있을까?"

의심하니 부처님께서 ⑥ 정신희유분을 설하여

"중생이 중생이 아니다."

말씀하였다. 그런데 수보리는 그런 생각을 한다.

"부처님도 공부하여 아뇩다라삼먁삼보리(무상정등각)을 얻으신
것이 아닌가?"

그래서 부처님은 제7 무득무설분에서

"부처님께서 깨달으신 진리는 얻고 잃는 것이 아니고, 가히 말
로 설할 수 있는 것이 아니다" 하였다.

그러면 과연 무엇을 의지해서 설법할 것인가 의심하니 ⑧ 삼천
대천세계에 가득찬 7보를 가지고 보시하는 비유를 들어 복덕의
다과(多寡)를 설명하고, 깨달은 법도 깨달은 법이 아니라 물 뿌
리고 마당 쓸고 빗자루까지 놓아버리는 것같이 하라하였다.

왜냐하면 이 세상 모든 진리는 두 모습을 가진 것이 아니기
때문이다. 그것이 제9 일상무상분이다.

이렇게 한 마음속에서 공부하지만 공부하는 사람들의 수준을
따라 수다원·사다함·아나함·아라한이 나누어지는 것이 마치
초·중·고·대의 모든 사람들이 사람 되기 위해서 공부하는 것
이지 졸업장을 따기 위해서 하는 것이 아니므로 4과의 수행자들
이 제각기 4과상을 나타내지 않는다 설한 것이다.

수다원은 색·성·향·미·촉·법에 끄달리지 않지만 끄달리
지 않는다는 생각을 갖지 않고,

사다함은 한 번쯤은 왔다갔다하지만 왔다갔다한다는 생각도 갖지 않으며,

아나함은 다시는 이 세상에 태어나지 않지만 태어나지 않는다는 생각도 갖지 않고,

아라한은 생사를 확실히 끝냈지만 무학성자라는 생각을 갖지 않기 때문이다.

그래서 부처님께서 옛날 연등부처님께서 수기를 받고 금생에 성불하였지만 그러한 생각이 없으므로 이 세계가 그대로 정토세계가 되게 되었다 설하였다.

이것이 제10 장엄정토분이다. 모든 보살들도 정예(淨穢)의 구분없이 청정심으로 불국토를 장엄해야 된다고 말이다.

6조대사는 바로 이 대문의 "응무소주 이행기심(應無所住 而行其心)"에서 도를 깨달았다.

이렇게 하염없는 마음으로 복을 짓는 것이 ⑪ 무위복승분이고, 세상이 어느 곳에서든지 지옥·아귀·축생·인·천·수라를 향해 이 경전을 읽고 쓰고 해설하면 한량없는 공덕이 있다 설한 것이 ⑫ 존중정교분이 된다 하였다.

왜냐하면 누구나 이렇게 하는 사람은 반야를 통해 최상제일 희유한 사람이 될 수 있기 때문이다.

그러므로 대승불교를 공부하고자 하는 보살은 마땅히 "금강반야바라밀경" 이름 그대로 법답게 받아지니고 읽고 외우고 쓰고 남을 위해 해설해주라 한 것이 ⑬ 여법수지분이다.

왜냐하면 그렇게 하면 누구나 32상 80종호를 갖춘 위대한 부

처가 되어 갠지스강가의 모래알 숫자보다도 더 많은 복덕을 얻게 되기 때문이다.

그때 수보리가 눈물을 흘리며 자신이 깨달은 이후에 이런 깊은 법문을 처음 들어본다 하면서 화 잘 내던 자신이 무진보살(無瞋菩薩)이 된 것을 비로소 고백하였다.

이것이 ⑭ 이상적멸분이다. 부처님도 과거 인욕선인행 하였던 것을 고백하자 수보리가 부처님이야말로 진실한 말을 하시는 자고, 사실적으로 말하는 자고, 한결같은 말을 하고, 피차에 다른 말을 하지 않는 분이라 칭찬하였다.

이렇게 불경을 받아지니고 외우고 쓴 그 공덕이 한량없다고 설한 것이 제⑮ 지경공덕분이다. 이 몸으로 이 마음으로 이세상 온갖 것을 다 바쳐 보시하더라도 반야를 설한 공덕만 못하다고 말이다.

이렇게 되면 저절로 업장이 소멸된다. 아무리 악한 사람이라도 이 반야의 공덕을 통해 악도에 떨어지지 않기 때문이다.

그러므로 제16분 능정업장분을 쓰다가 염라국에 잡혀갔던 사람이 되살아나 600부 반야경을 모두 쓰고 간일도 있다.

여기까지가 금강경 상권이다.

다음 ⑰ 구경무아분부터는 하권에 해당되는데, 주로 견(見)을 중심으로 설한다. 중생은 상 때문에 성했다가 상 때문에 망하지만, 도인도 견해 때문에 길흉화복을 맛보기 때문이다.

⑰ 구경무아분은 끝까지 일체법에 내가 없음을 알고 중생을 제도하되 제도했다는 상을 내지 말아야 한다 하였다. 보살이 그 같

은 상과 견을 가지고 있으면 보살이 아니기 때문이다. 이렇게 모든 것, 즉 일체를 볼 줄 아는 눈이 열리면 부모님께 받은 육안을 가지고 천안과 혜안·법안·불안을 얻을 수 있기 때문이다.

육안은 이 세상의 모든 것을 있는 그대로 볼 줄 아는 눈이고

천안은 즐겁게 볼 줄 아는 눈이며

혜안은 옳고 그름을 판단할 줄 아는 눈이고

법안은 진리의 눈이며

불안은 보는대로 깨닫는 눈이다.

이렇게 5안을 얻으면 일체중생의 마음을 속속들이 들여다 볼 수 있고, 과거·현재·미래의 일을 훤히 꿰뚫어 볼 수 있어 온갖 세계를 한 통속으로 들여다볼 수 있게 된다. 그러므로 제⑲분에서는 법계통화분이 되는 것이다.

이렇게 상을 떠나면 색도 떠나고 색을 떠나면 상을 떠나 32상 80종호를 구족하나니 그 이름이 ⑳이색이상분이고 설법을 하되 한다는 상이 없이 하면 ㉑비설소설분이 되고, 반야 이외에 어떤 법도 따로 얻는 것이 없는 것은 ㉒무법가득분이다.

만일 그렇게 깨끗한 마음으로 일을 한다면 하는 일마다 선행이 될 수 있다 말한 것이 ㉓정심행선분이고, 그러므로 복과 지혜는 비교할 수 없다 한 것이 ㉔복지무비분이다. 중생을 교화하되 교화했다는 상이 없고, 좋은 일을 해도 했다는 상이 없으면 ㉕화무소화분이 되고, 법신은 상이 아닌 것을 알면 ㉖법신비상분이 된다.

모양이 없으므로 아주 없는 줄 알지만 있지 아니한 곳이 없으

므로 ㉗은 무단무멸분이고, 또 있다고 거기 탐착하면 안되므로
㉘은 불수불탐분이다.

행주좌와 어묵동정에 항상 적정한 모습을 가지므로 ㉙유위적
정분이고, 어떤 것과 어떤 이치에도 통하지 아니한 바가 없으므
로 ㉚일합이상분이고, 이렇게 지견을 내지 않고 산다는 생각조
차도 없이 잘 사는 사람이 반야의 생활을 잘 하는 사람이 되므로
㉛지견불생분이고, 그러나 나타난 것은 진짜가 아닌 줄 앎으로
㉜응화비진분이다.

이렇게 해서 모든 대중이 일체 유위법이 꿈과 같고 환과 같고
거품 그림자 같고, 이슬 전기와 같은 줄 알아 마땅히 그렇게 관
했기 때문에 모두 법문을 듣고 환희하여 믿고 받아 받들어 실천
하였다.

이것이 금강경 32분이다.

그런데 스님은 부분적으로 깨달은 보살불교를 종합적으로 원각
경 12보살에 맞춰 회향하였으므로 마지막으로 원각을 설하신다.

원각경(圓覺經)

원각경의 본 이름은 대방광원각수다라요의경(大方廣圓覺修多羅了義經)이다.

대는 큰 것

방은 바른 것

광은 넓은 것

원각은 빠짐없이 깨달은 것

수다라는 경의 뜻이고

요의는 확실하다는 뜻이니

크고 바르고 넓은 마하반야의 이치를 빠짐없이 확실하게 설한 경전이 원각경이라는 말이다.

그러므로 이 경전은 때와 장소가 따로 있는 것이 아니므로 신통대광명장에서 설하는 것이다.

그 장소는 삼매를 얻은 사람들만이 알 수 있다. 모든 부처님들의 광명 속에 존재하기 때문이다. 몸과 마음이 적멸한 본 자리에 들어가 둘 아닌 경계에 따라 들어가야만 함께 자리할 수 있는데, 거기 문수·보현·보안·금강장·미륵·청정혜·위덕자재·변음·정제업장·보각·원각·현선수 보살들이 그의 권속들과 함께 자리하고 있었다.

먼저 문수보살이 물었다.

"여래께서 본래 이루어놓은 청정한 땅에서 실천하신 법을 설명해주십시오. 대승보살이 병 여의는 방법을 설하여 말세 중생들에게 삿된 소견을 일으키지 않도록 해주십시오."

"여래의 인지를 지혜로 깨달아 무명을 요달한 문수여, 일체가 공환인줄 알면 생사윤회에서 벗어나게 되어 있다. 꿈에서 깨어난 사람이 아무것도 얻는 것 없는 것같이 허환이 멸해도 멸할 것 없는 줄 아는 사람이 비로소 발심, 일체 중생을 제도할 것이다. 거기에는 깨달아 안 것이 따로 없어 시방세계가 그대로 깨달음의 세계가 된다."

다음 보현보살 장에서는 "말세 일체 중생들을 위하여 원각의 청정한 경계를 가르쳐 달라."

하니

"일체 무명도 여래의 원각 속에서 나타난 것이다. 환화가 없어져도 허공은 멸치 않듯 원각속에는 점차와 방편이 없다."

하였다.

셋째 보안보살장에서는 "사유·주지·방편삼매의 방법을 물으니,

"몸은 4대에 속하고 마음은 6진에 속하니 따로 닦고 익히고 증득한 것이 없다. 일체 부처님 세계가 공화와 같은 줄 알면 3세가 평등하여 오고 가는 것이 없는 것이다."

하였다.

넷째 금강장보살장에서는 "다라니의 인지와 법행 점차 방편을

설해 달라” 하니

“여래의 성품은 시작과 끝이 없나니 만일 그런 줄 알면 윤회를 쉴 것이다. 금광이 녹으면 광은 떨어지고 금만 남아 다시는 광이 되지 않듯 어디든지 쓰기만 하면 값어치 있는 물건이 될 것이다.”

하였다.

다섯째 미륵보살장에서는 미륵보살이 “여래의 비밀 창고를 열어 달라” 하니

“먼저 탐욕을 버리고 미워하고 사랑하는 마음이 없으면 번뇌장 소지장이 없어져 다같이 불도를 이룬다.”

하였다.

여섯째 청정혜장에서는 청정혜보살의 질문을 따라 원각의 성품이 설해진다.

원만보리의 성품은 취하고 증득할 것이 없다.

거기에는 보살도 중생도 없고 각도 본각도 없다.

하물며 점차의 차별이 있겠느냐.

일체는 중생의 견해이다.

중생도 허망한 마음만 내지 아니하면 그대로 불보살이 된다.

그러니 항하사 부처님께 공양하며 원만한 공덕을 지으라.”

하였다.

일곱째 위덕자재장에서는 각성의 수순법을 설한다.

“깨달음을 얻는 방편은 수가 없지만 거울로 상을 비쳐보는 사

마타행과 싹이 점차 자라는 삼마발제, 그릇속의 모기소리와 같은 적멸의 선나가 있으니 인연 따라 공부하라."

여덟째 변음장에서도 선정법을 설한다.
"청정한 지혜는 선정에서 생긴다.
이는 삼마발타와 삼마발제·선나
여기 돈점을 겸하여 스물다섯 가지로 설하나니
한 가지 또한 복합적으로 닦을 수 있다."

아홉째 정제업장에서는 생사유전에서 벗어나는 방법을 설한다.
"첫째는 애착에서 벗어나야 하고
둘째는 4상을 제거해야 하고
셋째는 견해를 없애고
넷째는 진애·아첨·미혹을 없애야 한다."
고 말이다.

열 번째 보각보살장에서는 선병을 제거하는 방법을 설한다.
"먼저 선지식을 찾아 2승을 멀리하고 바르게 깨친 이를 구하라. 작지임멸(作止任滅)을 통하여 교만하지 않고 나를 멀리해도 성내지 말며, 갖가지 경계에 희유심도 내지 말라. 율의 아닌 것을 가까이 하지 아니하면 계근이 청정하여져 일체중생을 구호하는 일을 게을리 하지 아니할 것이다."

다음 열한 번째 원각보살장에서는 깨달음을 얻지 못한 이들에게 안거법을 제시한다.

"3·7일 동안 무시업을 참회하고
사마타 삼마발제 선나를 닦되
둔근은 더욱 참회를 지중하게 하라.
이렇게 중근 80일
하근 120일 동안 정진한다.

마지막 현선수보살장에서는 이 경의 공덕을 설한다.
"이 경은 3세 여래가 수호하는 경이고 시방보살이 귀의한 경
이다. 12부의 안목이 되는데 그 이름을 대방광원각다라니수다라
요의·비밀왕삼매·여래결정경계·여래장자성차별이라 부른다.
이름대로 받들어가지고 널리 펴 말세 중생들을 이롭게 하라."

이것이 12장 원각경의 총판이다.

원각경변상도, 고려 후기

海眼큰스님 傳燈法語

마음의 등불을 밝히자

2016년 10월 10일 인쇄
2016년 10월 15일 발행
편   찬 | 활안 한정섭
발 행 인 | 불교정신문화원
발 행 처 | 불교통신교육원
주   소 | 12457 경기도 가평군 청평면 남이터길 65
전   화 | 031) 584-0657, 02) 969-2410
등록번호 | 76. 10. 20 제6호
인   쇄 | 이화문화출판사 (02-738-9880)

정   가 | 8,000원